Christiane Czech

Mehr von mir!

Entdecken, was in uns steckt

Bibliografische Information der Deutschen Nationalbibliothek
Die Deutsche Nationalbibliothek verzeichnet diese Publikation in der Deutschen Nationalbibliografie; detaillierte bibliografische Daten sind im Internet über http://dnb.d-nb.de abrufbar.

© 2009 Christiane Czech
Illustrationen von Katrin Göldner
Satz, Umschlaggestaltung, Herstellung und Verlag:
Books on Demand GmbH, Norderstedt
ISBN: 978-3-8391-5461-8

Christiane Czech

Mehr von mir!

Entdecken, was in uns steckt

Für Klaus

Hoffnung

ist nicht die Überzeugung,
dass etwas gut ausgeht,
sondern die Gewissheit,
dass etwas Sinn hat –
egal wie es ausgeht.

Václav Havel

Inhalt

Danksagung   12
Herzensangelegenheit   15

Der Lebensweg:
Woher wir kommen, wohin wir streben

Das seelische Potential – was uns gegeben ist   21
Einschneidende Kindheitserfahrungen – was uns prägt   25
Der Deckel – wie wir uns vor Verletzung schützen   29
Der innere Erzfeind – wie wir in Schach gehalten werden   33
Überlebensstrategien – wie wir im Leben bestehen   37
Der Aufbruch – wenn wir mehr vom Leben wollen   43
Das Geschenk – wenn wir die Narben des Lebens lieben lernen 55
Der Lebensweg auf einen Blick   59

Das Lebensthema:
Warum wir genau so ticken, wie wir ticken

Vom Gewinn, sein Lebensthema zu kennen   65
Die acht Lebensthemen   71
Der Ängstliche   73
Der Überbedürftige   83
Der Unnahbare   91
Der Trotzige   99
Der Machtbewusste   107
Der Verführer   115
Der Angestrengte   123
Der Aufbauschende   131

Die Lebensthemen im Überblick   138
Fragebogen: Was ist Ihr Lebensthema?   140
Auswertung des Fragebogens   147

Die Lebenswende:
Wie wir unser Leben selbst bestimmen können

Die innere Bühne   151
Die Teams und ihre Kunst, unseren Alltag zu meistern   153
Das Turbo-Team   155
Das Genuss-Team   159
Das Medi-Team   163
Regie führen – das Abenteuer der Selbsterforschung   167
Sich auf den Weg machen   171

Liste der Übungen mit Seitenangabe   *175*
Literaturvorschläge   *176*
Quellenangabe der verwandten Zitate   *180*
herzblut-Seminare – dem Leben auf der Spur   *181*

Danksagung

Ich danke den Menschen, die ich auf ihrem Weg begleiten durfte. Sie haben sich mir mit ihren Ängsten, ihrer Verletzlichkeit und ihrer Hoffnung auf Veränderung anvertraut. Ihre Rückmeldungen haben mich motiviert, dieses Buch zu schreiben.

Ich danke meinen Lehrern und Ausbildern, allen voran meinem Freund Martin Siems, dass sie mich ermutigt haben, meine Berufung zu leben.

Ich danke meiner Mutter für ihre wertvolle Inspiration bei der Ausarbeitung des Lebensweges. Ihre bald neun Jahrzehnte während Lebenserfahrung hat mein Buch sehr bereichert.

Ich danke Heike Bloß für ihre unermüdliche Unterstützung bei der Fertigstellung des Manuskriptes. Ihr Humor und ihre Beharrlichkeit halfen mir, meinen hemmenden Perfektionismus zu überwinden und an mich zu glauben.

Ich danke Jutta Fischer-Neuner für ihre tatkräftige Unterstützung und ihre andauernde Bereitschaft, sich Ausschnitte aus dem Buch vorlesen zu lassen.

Ich danke Katrin Göldner für ihre ausdrucksstarken Illustrationen, die die Lücke zwischen dem geschriebenen Wort und meiner inneren Vorstellung schließen.

Ich danke Undine Jordan für die Geburtsstunde der Teams durch ihre Gabe, die Dinge auf den Punkt zu bringen.

Ich danke Heidrun Gerdes für ihre Eingebungen beim Erarbeiten des Buchtitels. Es gibt für dieses Buch mehr Titelvariationen als ich jemals Bücher schreiben kann.

Ich danke Simone Rees für ihre kreativen Ideen bei der Gestaltung des Buches.

Ich danke meiner Lektorin Christiane Barth und dem gesamten Team von Books on Demand sowie Manfred Ebert für ihre sorgfältige Bearbeitung meines Manuskripts.

Mein größter Dank gilt jener Höheren Macht, die mich davor bewahrt hat, in meinen destruktiven Überlebensstrategien steckenzubleiben. Und meinem Körper, der mir den Weg zu meinem ursprünglichen Potential geebnet hat.

Herzensangelegenheit

> *der Anfang*
>
> *erst als das*
> *davonrennen*
> *schlimmer war*
> *als das*
> *wovor*
> *ich davonrannte*
> *konnte ich einmal*
> *stehen bleiben*
> *ich sah mich um:*
> *da stand*
> *ich*
> *mir*
> *gegenüber*
>
> Hans-Curt Flemming

Liebe Leserin, lieber Leser!

Warum halten Sie gerade dieses Buch in Ihren Händen? Möchten Sie mehr über sich in Erfahrung bringen, entdecken, was alles in Ihnen steckt? Haben Sie das Bedürfnis, nachvollziehen zu können, warum Sie genau so geworden sind, wie Sie sind? Wollen Sie Ihr Leben nach Ihren Vorstellungen leben, ohne von einem schlechten Gewissen oder diffusen Schuldgefühlen geplagt zu werden? Möchten Sie sich mit sich selbst und mit Ihrer Vergangenheit aussöhnen? Möchten Sie herausfinden, wie Sie sich und Ihr Leben verändern können, sofern Sie Veränderung anstreben? Wünschen Sie sich mehr

Lebensfreude, Anteilnahme und Wertschätzung? Sehnen Sie sich nach Liebe?

Bewirkt eine dieser Fragen in Ihnen eine fühlbare Resonanz, wird mein Buch Sie bereichern. Es lohnt sich, innezuhalten und sich auf das Abenteuer der Selbsterforschung einzulassen. Selbsterforschung geht mit großer Erleichterung einher. Ein neues Selbstverständnis hilft Ihnen zu verstehen, warum wir Menschen in seelische Konflikte geraten, und zeigt zugleich auf, dass Lebenskrisen ein Geschenk sind, wenn man sich ihnen stellt.

Mehr von mir! vermittelt Ihnen alles Wissenswerte, um mit sich selbst Frieden schließen zu können.

Die Lebensgeschichten, Fragen und Krisen der Menschen, die ich im Laufe der letzten zwei Jahrzehnte begleiten durfte, schenkten mir ein klar gezeichnetes Bild, wie jeder von uns in ein neues, erfüllteres Leben aufbrechen und das Optimum aus sich herausholen kann.

Der Lebensweg zeigt Ihnen auf, wie Sie sich, gerade im Angesicht erlittener Verletzungen, in Liebe annehmen können, so wie Sie sind.

Das Lebensthema gibt Ihnen eine nachvollziehbare Erklärung an die Hand, warum Sie genau so geworden sind, wie Sie sind. Das eigene Lebensthema zu kennen, hilft, sich mit sich selbst auszusöhnen, um das jeder Prägung innewohnende Potential voll entfalten zu können.

Die Lebenswende ermöglicht eine wohltuende Balance zwischen Zielgerichtetheit, Lebensfreude und innerer Sammlung. Ich veranschauliche Ihnen einen gangbaren Weg, wie Sie in Ihrem Leben das notwendige Gleichgewicht finden und erhalten können, um das Leben mit all seinen Facetten auszuschöpfen.

Das Wissen über sich selbst schenkt Ihnen die Möglichkeit, Ihr jetziges und zukünftiges Leben so zu gestalten, wie es Ihnen am besten gerecht wird, und allem Unabänderlichen gelassen ins Auge zu schauen. Sie werden mehr von Ihrer Individualität ins Leben bringen, Sie werden Mehr von mir! wollen.

In diesem Sinne wünsche ich Ihnen eine anregende Lektüre.

Der Lebensweg:

Woher wir kommen, wohin wir streben

Das seelische Potential – was uns gegeben ist

Der Geist der Kindlichkeit
gehört nicht einer
vergangenen Periode
deines Lebens an,
die niemals wiederkehrt;
er ist vielmehr ein Seinszustand,
eine gewisse Eigenschaft
des Herzens,
die die Welt aufleuchten läßt.

Drukpa Rinpoche

Die Magie, die von sehr kleinen Kindern ausgeht, rührt von deren vollkommener Freiheit und Unbekümmertheit im Selbstausdruck und im Umgang mit anderen. Kinder spiegeln uns die menschlichen Werte und Fähigkeiten wider, die wir als Erwachsene oft schmerzlich vermissen: bedingungslose Liebe, Urvertrauen, Lebensfreude, Zuversicht, Offenheit, Mitgefühl sowie die Fähigkeit, mit sehr wenig sehr zufrieden zu sein.

Als Kleinkinder sind wir pur und unverfälscht. Wir können noch nicht reflektieren, welche Wirkung unser Verhalten hat. Wir vergleichen uns nicht mit anderen. Wir haben zu diesem frühen Zeitpunkt weder ein Buch gelesen noch einen Film gesehen. Wir können uns mit anderen noch nicht austauschen, wir hören weder bewusst Radio, noch können wir Fernsehbilder verarbeiten. Als Kleinkinder studieren wir weder Werbeprospekte, noch schenken wir dem Pfarrer auf der Kanzel Glauben.

Als Baby geben wir nicht vor, etwas zu sein, das wir nicht sind, wir kennen weder Ehrgeiz noch Scham. Wir sind frei von innerer Unruhe, Zukunftsängsten und Schuldgefühlen.

Wir haben als Kleinkind keine Erwartungen an unser Gegenüber, solange unsere Urbedürfnisse gestillt werden. Wir reagieren unmittelbar auf die Mimik und Gestik, die Wärme oder Kälte, die von einem anderen Menschen ausgeht. Als kleines Kind interessiert es uns nicht, was der andere in der Gesellschaft darstellt, welchen möglichen Titel er trägt, in welcher Gegend er wohnt, welches Auto er fährt. Als kleines Kind wissen wir nichts von Etikette, Höflichkeitsgeboten und gesellschaftlichen Spielregeln.

Wir interessieren uns auch noch nicht für die Erwartungshaltung unseres Gegenübers. Wir lächeln weder höflich zurück, noch nicken wir, um Zustimmung zu signalisieren. Wir schweigen auch nicht, nur weil alle anderen nichts sagen.

Der Kontakt mit einem sehr kleinen Kind vermittelt uns Erwachsenen ein klares Gefühl, um welche Bedürfnisse und Fähigkeiten es beim Menschsein essentiell geht. Kleine Kinder machen uns das seelische Potential sichtbar, das jedem von uns gegeben ist und uns zum Glück ein Leben lang erhalten bleibt.

Einschneidende Kindheitserfahrungen – was uns prägt

Wer das Dorf,
aus dem er kommt,
nicht kennt,
wird das Dorf,
das er sucht,
nie finden.

Chinesisches Sprichwort

Unsere Eltern können nicht verhindern, dass wir als Kind die schmerzliche Erfahrung machen müssen, dass wir nicht immer und für alle so in Ordnung sind, wie wir sind. Mutter und Vater geben fraglos ihr Bestes, um uns einen guten Weg zu ebnen. Sie können jedoch nur das an uns weitergeben, was Ihnen selbst zuteil wurde. Hinzu kommt, unsere Eltern sind nicht alleinverantwortlich für unsere Entwicklung als Kind.

Unsere Verwandlung von einem offenen, neugierigen, zufriedenen, lebendigen Säugling in ein beherrschtes, sich schützendes, bewusst agierendes Kind ereignet sich im Laufe der ersten sechs Lebensjahre. Jahre, in denen wir Liebe, Geborgenheit und Fürsorge erfahren, aber auch belächelt oder streng gemustert, ignoriert oder bestraft werden, über- oder unterfordert sind. Uns wird durch Taten, Unterlassungen, Gesten und Worte vermittelt, dass wir entweder zu laut oder zu still sind, zu dick, unartig, faul, zu wenig originell, langsamer als andere, weniger klug oder weniger hübsch sind.

Es sind vor allem die schmerzlichen Erfahrungen, die uns ein Leben lang prägen werden. Die negativen Rückmeldungen treffen uns als wehrloses Kind unvorbereitet und hart.

Wir rechnen als Kind nicht mit Kritik, Abwertung, Liebesentzug, Missfallen oder Ignoranz. Wir sind zu unerfahren, um genügend Distanz zu den Botschaften, Urteilen und Rückmeldungen aufbauen zu können. Wir haben noch nicht gelernt, zwischen der Meinung anderer und der eigenen abzuwägen, uns abzugrenzen. Aus diesem Grund schenken wir diesen Rückmeldungen uneingeschränkt Glauben, als seien es Wahrheiten und nicht subjektive Wertungen.

Wir können als Säugling nicht wissen, dass unser unregelmäßiger Wach- und Schlafrhythmus unsere Eltern erschöpft und gereizt sein lässt.

Als Dreijähriger verstehen wir nicht, warum die Mutter derart mit uns zürnt, nur weil wir im Eifer des Gefechts ein Ei haben fallen lassen. Wir können nicht wissen, dass sie wenige Stunden zuvor die neue Heizkostenabrechnung erhalten hat und nicht weiß, wie sie sie begleichen soll.

Als Fünfjähriger finden wir keine plausible Erklärung, warum die anderen Kinder aus der Nachbarschaft uns hänseln, nur weil wir rote Haare haben oder die falsche Jeans tragen.

Als Kind glauben wir, wir machen irgendetwas falsch. Manche Kinder reagieren auf ihr vermeintliches Versagen mit größtmöglicher Anpassung, andere mit Trotz und Aufmüpfigkeit.

Das Gefühl, nicht den Erwartungen zu entsprechen, ist für uns als Kind nur schwer erträglich. Wir wissen, dass wir aus unserem Umfeld nicht ausbrechen können, wir fühlen uns beschämt und haben Angst, die Liebe unserer Eltern zu verlieren. In unserer Not bedienen wir uns eines Kunstgriffs, um mit dem leben zu können, was uns verängstigt oder beschämt, was uns kleinmacht, irritiert, verunsichert oder verärgert.

Der Deckel – wie wir uns vor Verletzung schützen

ja,
ich kann mich schützen
wirksam schützen
keiner tut mir weh
keiner kommt mir zu nah
keiner lacht mich aus

mir
passiert
nichts
nichts
nichts

einfach gar nichts

Hans-Curt Flemming

Wir wissen als Kind intuitiv, wie wir schmerzliche Gefühle von uns fernhalten können. Wir verlassen unseren pulsierenden, flexiblen Körper und nehmen im wahrsten Sinne des Wortes eine andere Körperhaltung ein. Diese körperliche Abwehr schmerzlicher, trauriger oder wütender Gefühle geht mit muskulären Anspannungen einher. Diese wiederum verändern unsere Körperhaltung, unsere Mimik und Gestik und unsere Atmung. Unsere ursprüngliche Lebendigkeit und die Spontaneität unseres Ausdrucks gehen verloren.

Seelische Verletzungen, Erfahrungen von Ohnmacht, Abwertung und Hilflosigkeit, werden von uns auf diese Weise sehr nachhaltig verkörpert. Diese Verkörperung bleibt bis ins Erwachsenenalter sichtbar und ist im Kapitel über die Lebensthemen ausführlich beschrieben.

Unsere Anpassung steht fast immer im Gegensatz zu den Körpererfahrungen, die wir ursprünglich als Kind gemacht haben. Als Kind liebten wir es, uns mit dem ganzen Körper zu bewegen und unser Befinden unzensiert mit Hilfe unserer Stimme, unserer Mimik und Gestik auszudrücken. Diese natürlichen Impulse werden durch den Anpassungsprozess zunehmend unterdrückt. Wir entfernen uns immer mehr von unseren authentischen Körper- und Sinneserfahrungen. Das, was uns als Kind selbstverständlich und ureigen war, wird uns selbst fremd.

Jeder kindliche Anpassungsprozess verläuft individuell, das Ergebnis ist stets das gleiche. Wir verlieren unsere ursprüngliche Einheit mit unserem Körper und werden von dem unserem Körper innewohnenden Potential abgeschnitten. Die verloren gegangene Ganzheit schwächt unser Selbstgefühl und Selbstvertrauen maßgeblich.

Passt sich ein Kind an, indem es seine eigene Wahrheit leugnet und seine wirklichen Gefühle abstreitet, nennt man diesen Schutzmechanismus Verdrängung. Sie ist die von Kindern am häufigsten gewählte Möglichkeit, schmerzliche Erfahrungen zu deckeln. Verdrängen bedeutet, dass wir schon als Kind und auch später als Erwachsener schmerzliche Erfahrungen ausblenden können, als wären sie nicht geschehen. Sobald wir den Mut und die Bereitschaft entwickeln, uns ihnen wieder zuzuwenden, erinnern wir uns in allen Details.

Bei Kindheitserlebnissen, die so einschneidend sind, dass es nicht ausreicht, sie zu verdrängen, nehmen Kinder einen großen Eimer Farbe und malen sich ihre Kindheit rosarot. Sie haben sehr viel Phantasie.

Sie blenden die Realität aus und nutzen ihre Kreativität, um sich genau die Kindheit zu malen, die sie gerne hätten. Diesen Deckel nennt man den Deckel der Beschönigung. Auch in diesem Fall ist es möglich, dass wir uns später an das wirkliche Geschehen erinnern.

In sehr seltenen Fällen übersteigen die prägenden Kindheitserfahrungen ein erträgliches Maß an Leid und Demütigung. Dann schützt sich die Seele eines Kindes mit Vergessen. Kinder streichen das Erlebte unwiederbringlich aus ihrem Gedächtnis. Wenn wir auf unsere prägenden Kindheitserfahrungen mit Vergessen reagieren müssen, wissen wir weder, wie unser Kinderzimmer aussah, noch erinnern wir uns an ein Weihnachtsfest, unsere Konfirmation oder Einschulung. In diesem Fall ist es uns auch als Erwachsener nicht mehr möglich, die traumatischen Kindheitserlebnisse ins Gedächtnis zurückzurufen.

Ob wir als Kind mit Verdrängung, Beschönigung oder Vergessen reagieren: Der Deckel befreit uns nur vordergründig von unseren unerwünschten Gefühlen und Erfahrungen.

Die schmerzlichen Erfahrungen bleiben und gären unter dem Deckel wie Obst in einem verschlossenen Topf. Unterdrückte Gefühle führen zu psychosomatischen Erkrankungen.

Der Deckel begräbt das unschuldige Kind in uns samt seiner bedingungslosen Liebe, seinem Urvertrauen und seiner von jeglicher Scham freien Lebendigkeit unter sich und beendet unsere eigentliche Kindheit.

Als Jugendlicher und Erwachsener zwingt uns der Deckel, nach außen stets ein Bild von Stärke aufrechtzuerhalten. Nach innen bleiben wir mit unseren Tränen und Sorgen, unserer Wut und Furcht allein. Der Deckel macht uns im Kontakt mit anderen Menschen verhalten, misstrauisch oder einsam.

Der innere Erzfeind – wie wir in Schach gehalten werden

Wer recht uns peitscht,
den lernen wir verehren.

Adalbert von Chamisso

Unsere Eltern müssen unsere kindliche Impulsivität, Kreativität und Spontaneität so weit einschränken, dass unsere körperliche und seelische Unversehrtheit gesichert ist. Wir müssen als Kind wissen, dass eine eingeschaltete Herdplatte heiß ist und Autos sehr schnell unterwegs sind. Wir müssen die geschriebenen und ungeschriebenen Regeln des Miteinanders kennen lernen. Wir müssen darüber aufgeklärt sein, dass es in unserem Kulturkreis auch im Hochsommer nicht schicklich ist, sich nackt zu zeigen.

Wir lernen als Kind durch Nachahmung. Von klein auf erleben wir, wie unsere Eltern mit Gesundheit, Körperkontakt, Partnerschaft, Geld, Nachbarn und Konflikten umgehen, und kopieren meist unbewusst diese Vorgaben. Wir hören die Urteile, Bewertungen und Moralvorstellungen unseres Umfelds und übernehmen auch diese.

Leider geht der Umfang der Botschaften, was erlaubt und was verboten ist, wie wir sein sollen und wie wir auf keinen Fall sein sollen, weit über das notwendige Maß hinaus.

Nicht nur unsere Eltern, auch die Großeltern, Geschwister, Lehrer, Nachbarn, die Institution Kirche, der Zeitgeist, das gängige Schönheitsideal und die Medien tragen Erwartungen und Befürchtungen an uns heran:

Was sollen denn die Nachbarn denken? Das kann man doch besser machen! Das wird doch nichts! Das wird Folgen haben. Wer hoch steigt, fällt tief. Stell dich nicht so an! Du machst dich lächerlich. Dafür kommt man in die Hölle. So was tut man doch nicht.

Die vielfältigen Vorgaben und Spiegelungen von außen finden ihren Niederschlag in einer inneren Instanz, die überkritisch auf die Einhaltung der an uns gestellten Anforderungen wacht. Diese innere Stimme kommentiert jede unserer Handlungen in Erwartung unserer Fehler und Versäumnisse. Sie stellt höchste Ansprüche an uns, duldet keinen Widerspruch und macht uns selbst wegen Nichtigkeiten Vorhaltungen. Diese richtende Instanz ist der innere Stellvertreter für alle uns bekannten äußeren Autoritäten. Der Tonfall dieser inneren Stimme ist abwechselnd streng, unnachgiebig, vorwurfsvoll, herablassend, gehässig oder drohend. Mit virtuoser Treffsicherheit wählt sie aus ihrem Urteilsrepertoire diejenige Form aus, die unseren wunden Punkt am besten trifft und am nachhaltigsten wirkt. Ein paar Beispiele:

Ich weiß überhaupt nicht, was ich heute Abend kochen soll. Mir fallen nur Nudeln ein. Mir fallen immer nur Nudeln ein. Ich kann doch nicht jeden Tag Nudeln kochen. Ist auch total ungesund. Besser ist, ich koche gar nicht. Ich muss eh dringend ein paar Kilo abnehmen. Ich bin so was von fett zurzeit.

Ich muss morgen unbedingt meine Steuerberaterin anrufen. Das darf ich auf keinen Fall vergessen. Ich hasse diese Steuer. Warum schieb ich das nur immer so vor mir her?

Wo hab ich denn jetzt wieder meine Brille abgelegt? Wo ist sie nur? Immer diese Sucherei. Die Frau Müller hat mich heut früh auch so komisch angeschaut. Die denkt bestimmt, ich habe keine Klienten mehr, so oft wie das Auto vor der Tür steht. Dabei können die sich nicht mal ein vernünftiges Auto leisten.

Niemand hat so viel Macht über uns und unsere Lebensführung wie unser innerer Erzfeind. Er ist fraglos der größte Feind in unserem inneren Haus.

In aller Regel haben die Attacken unseres inneren Erzfeindes Abwertung, Erniedrigung und Bloßstellung zum Ziel. Werden wir als Kind jedoch von unseren Eltern auf einen Sockel gestellt, verleitet uns der innere Erzfeind dazu, uns einzubilden, wir seien etwas ganz Besonderes: Wertvoller, cleverer und schneller als die anderen, einfach unschlagbar. Diese Erhöhung vermittelt uns ein Gefühl von Grandiosität. Der Preis, den wir für diese Schmeicheleien unseres inneren Erzfeindes zahlen müssen, ist hoch. Wir erleben eine große innere Einsamkeit, weil wir uns dann nicht als Gleiche unter Gleichen fühlen können. Zudem übt der innere Erzfeind mit seiner Erhöhung massiven Erfolgsdruck und Versagensängste auf uns aus. Mittelmaß und Entspannung verbieten sich von selbst.

Der innere Erzfeind macht uns entweder klein, oder er verführt uns zu Selbstüberschätzung. In beiden Fällen erstickt er unseren Wunsch nach Veränderung im Keim, indem er uns ein striktes Verhaltensmuster vorgibt. Bei Zuwiderhandlung redet er uns entweder ein schlechtes Gewissen ein, beschämt uns und vermittelt uns Schuldgefühle oder er droht mit Versagen und Vernichtung.

Wir glauben, unseren Kollegen nicht mehr unter die Augen treten zu können, weil wir auf der letzten Weihnachtsfeier leicht beschwipst mit unserm Lieblingskollegen engumschlungen getanzt haben. Wir brechen den Kontakt zu Freunden ab, weil sie merken könnten, dass wir mit den Raten für unser Haus im Verzug sind. Wir laden unsere Nachbarn nicht mehr zu unserem Sommerfest ein, weil sie unserer Einladung letztes Jahr nicht gefolgt sind. Wir ertrinken in Schuldgefühlen, weil wir unserem Kind unsere Liebe nicht offen zeigen konnten. Niemand anders als der innere Erzfeind ist der Grund für all diese Phänomene.

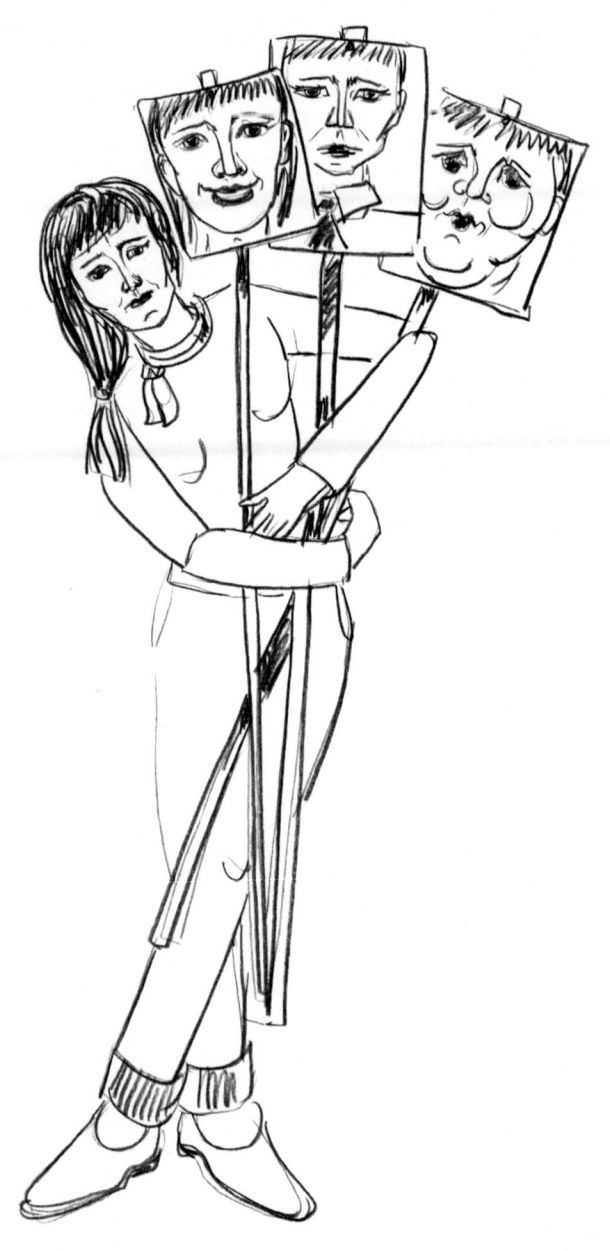

Überlebensstrategien – wie wir im Leben bestehen

mein Gesicht:

jeder kann es
sehen

jeder sieht
eines

jedes ist
anders

all diese gesichter
bin ich

und dahinter
bin ich auch

irgend
wo

obwohl jeder
mich sehen kann

Hans-Curt Flemming

Was gibt uns ein gutes Gefühl, wenn wir unsere wahren Gefühle nicht mehr preisgeben wollen? Was macht uns stolz, wenn wir unser Potential leugnen oder gar nicht kennen? Was schenkt uns Lebensfreude angesichts der enormen Anstrengungen, die wir unternehmen müssen, um gegenüber unserem inneren Erzfeind zu bestehen? Welche Strategien können wir fahren, um uns ein überlebensnotwendiges Minimum an Wohlbefinden, Entspannung, Anerkennung, Liebe und Zugehörigkeit zu sichern?

Die Statistiken sind ganz eindeutig. **Suchtmittel** sind die am häufigsten gewählte Überlebensstrategie in der Wir-tun-so-als-ob-Welt oberhalb des schützenden Deckels.

Ob Alkohol, Tabletten, Zigaretten, Schokolade oder Drogen – studiert man die jährlichen Verkaufszahlen, wird offenbar, dass viele Menschen ohne diese Art von Ersatzbefriedigungen nur schwer auskommen können.

Suchtmittel haben den Vorzug der Soforterfüllung. Sie entfalten ihre ersehnte Wirkung umgehend und verlässlich. Der gravierende Nachteil von Suchtmitteln ist die Tatsache, dass es einer steten Erhöhung der Dosis bedarf, um langfristig die gleiche Wirkung zu erzielen.

Es ist nie genug. Das gilt für alle Überlebensstrategien, mit denen wir versuchen, in einem Leben oberhalb des schützenden Deckels zu bestehen. Die Überlebensstrategien helfen uns, doch führen sie gleichzeitig zu Selbstentfremdung oder gar Selbstverlust.

Häufig gewählte Überlebensstrategien sind:

Leistung kann sich in eine Überlebensstrategie verwandeln. Wer zwölf Stunden am Tag arbeitet, auch am Samstag, kann mit der Anerkennung durch sein Umfeld rechnen und hat nur wenig Zeit, die innere Leere wahrzunehmen.

Zielgerichteter, emotionsfreier, schneller **Sex** kann helfen, den seelischen Mangel für einen Moment zu vergessen. Diese überwiegend von Männern gewählte Überlebensstrategie beschert ein gutes Körpergefühl und schenkt Befriedigung, wenn auch nur kurz.

Grandiosität in Form von Allmachtsphantasien, bemerkenswerten Auftritten und entsprechenden Insignien der Macht verspricht Anerkennung, auch wenn sie der Fassade und nicht dem Menschen gilt.

Selbst **Gewalt** kann eine Überlebensstrategie sein. Sie vermittelt ein Gefühl von Stärke und hilft, die eigene leidvolle Gewalterfahrung auszublenden.

Eine weitere Überlebensstrategie ist die **Hier-ist-alles-in-Ordnung-Strategie**. Sie besteht in dem vehementen Versuch, sich selbst und anderen den Eindruck zu vermitteln, dass es keinen Anlass zur Sorge gibt, indem über alle schmerzlichen Gefühle hinweggelächelt wird.

Krank sein kann eine Überlebensstrategie werden. Kinder wählen diese Strategie, wenn sie spüren, dass es der einzige Weg ist, um von ihren gestressten Eltern Aufmerksamkeit zu bekommen. Erwachsene bekommen, wenn sie es wünschen, rund um die Uhr ärztliche Zuwendung.

In die **Opferrolle** zu schlüpfen entspricht meist einer Überlebensstrategie. Wer sich zum Opfer erklärt, verneint die Verantwortung für sein Handeln, indem er vorgibt, schwach, wehrlos, unschuldig und ausgeliefert zu sein. Menschen wählen die Opferrolle, um Mitgefühl von ihren Mitmenschen zu ernten.

Der **rettende Engel** macht sich aufgrund seiner Hilfsbereitschaft und seines Engagements scheinbar unersetzlich und sichert sich als Überlebensstrategie die Wertschätzung seiner Umwelt.

Schlafen kann ein taugliches Mittel sein, die Realität nicht wahrnehmen zu müssen.

Alle genannten Überlebensstrategien tragen auch durchaus positive Aspekte in sich. Es spricht nichts gegen ein Glas Rotwein zu einem guten Essen. Sexualität garantiert unseren Fortbestand ebenso wie Leistung. Gewalt kann ein legitimes Mittel zur Selbstverteidigung sein. Ausreichender Schlaf ist unabdingbar.

Wenn jedoch Leistung oder Sex, Rotwein oder Schokolade, Waren oder Krankheiten nicht mehr dem Genuss und unserer Lebensfreude dienen, sondern überwiegend dem Zweck, unseren Mangel an Selbstvertrauen, Kontakten und Sinnhaftigkeit zu überdecken, wird aus einem ursprünglich angenehmen und hilfreichen Lebensaspekt eine Überlebensstrategie.

Wir müssen immer mehr leisten, um mit uns zufrieden zu sein, wir müssen immer öfter den Arzt aufsuchen, um uns umsorgt zu fühlen, wir brauchen immer häufiger eine Liebesaffäre, um uns begehrenswert zu fühlen, wir brauchen immer mehr Wein, um abzuschalten.

Bestimmt eine Überlebensstrategie unser Denken, Fühlen und unseren Tagesablauf, verwandelt sie sich in eine verhängnisvolle Sucht, die uns und unser Leben beherrscht. Der Grat zwischen Überlebensstrategie und Sucht ist äußerst schmal.

Die Wahl unserer Überlebensstrategien ist nicht beliebig. Sie basiert auf den Vorgaben und Erfahrungen unserer Kindheit und Jugend. In manchen Familien zieht sich die Wahl der Überlebensstrategie wie ein roter Faden durch mehrere Generationen. Der Großvater konnte dem Vater nicht zeigen, dass er stolz auf ihn war, der Vater verwehrt seinem Sohn die Anerkennung, der Sohn setzt auf Leistung. Die Großmutter kannte keine Streicheleinheiten, die Mutter kann ihre Tochter nicht in den Arm nehmen, die Tochter flüchtet sich in Krankheiten. Die Gefahr, alkoholabhängig zu werden, ist achtmal höher, wenn nahe Familienangehörige alkoholsüchtig waren.

Alle Überlebensstrategien sind mit einer enormen Anstrengung verbunden, ohne eine andauernde Befriedigung oder Lösung zu bieten. Solange wir nicht wissen, dass unsere Strategien einem Teufelskreis gleichkommen, setzen wir beständig aufs falsche Pferd in dem Irrglauben, irgendwann fänden wir die Erfüllung, stellte sich der Frieden, das Glück ein, das wir erhoffen. Es ist so, als würde man eine betonierte Terrasse wässern, in der Hoffnung, die darunterliegenden Pflanzen könnten wieder aufblühen.

In Wirklichkeit verlieren wir uns zunehmend aus den Augen, werden immer erschöpfter, leerer, kränker, süchtiger. Wir ziehen uns in uns zurück und entfernen uns zugleich immer weiter von denen, die wir lieben. Wir leiden unter Einsamkeit. Unsere Anstrengung ist maßlos, gleichzeitig verlieren wir immer mehr an Lebensfreude.

Die Folge sind Paare, die in ihrem Urlaub im Hotel am Frühstückstisch sitzen und eine geschlagene Stunde kein Wort miteinander sprechen. Die Folge sind ältere Menschen, die Stunden bei Ärzten zubringen, damit jemand ihre Hand hält. Die Folge ist die wachsende Zahl an stark übergewichtigen Kindern. Jugendliche, die Komasaufen als Freizeitvergnügen verstehen. Kurzum, eine Gesellschaft, die trotz anhaltendem Frieden und großem Wohlstand immer ärmer, aggressiver und kälter zu werden scheint.

Der Aufbruch – wenn wir mehr vom Leben wollen

die einsamkeit im panzer
die uns ausbrechen ließ
hält uns davon ab
wieder zurückzukriechen
aber auch schon
ein kribbeln vielleicht
oder eine direkte berührung
und vorsichtig machen wir
neue erfahrungen mit uns
wir beginnen
unsere körper zu bewohnen
nicht unsere panzer.

Hans-Curt Flemming

Hilf- und Ratlosigkeit werden in unserem Kulturkreis als Schwäche gebrandmarkt. Das Eingeständnis, mit sich und der eigenen Lebenssituation in bestimmten Aspekten überfordert zu sein, kommt einer gefühlten Kapitulation gleich.

Wir suchen die Gründe für unsere Unzufriedenheit und unser Leid meist bei uns selbst. Wir glauben, wie schon als Kind: Selber Schuld!

Wir sitzen die Konflikte mit dem Partner, den eigenen Eltern oder Kindern, berufliche Sorgen oder die Not mit uns selbst aus. Aus anfänglicher Ratlosigkeit wird mit der Zeit eine Art Lähmung gepaart mit dem trotzigen Wunsch, es irgendwie allein schaffen zu wollen.

Irgendwann kommen wir an den Punkt, an dem unsere individuelle Leidensfähigkeit und -bereitschaft dennoch erschöpft ist. Der Auslöser kann viele Gesichter haben: die drohende Trennung von einem geliebten Menschen, ein Karriereknick, eine Erkrankung, das zunehmende Abgleiten in eine Sucht, psychosomatische Störungen, eine depressive Verstimmung, andauernde Einsamkeit, bodenlose Erschöpfung.

Der Entschluss *So kann es nicht weitergehen, das kann und darf nicht alles gewesen sein* ist der **erste**, fraglos schwerste und wegweisende **Schritt** in ein entspannteres, lebensbejahendes, versöhnliches Leben.

Der **zweite Schritt** besteht in der Herausforderung, unseren inneren Erzfeind zu entmachten. Erst wenn wir unseren inneren Zensor in die Schranken gewiesen haben, sind wir in der Lage, uns selbst Stück für Stück zu befreien.

Wesentliche Voraussetzung im Kampf gegen den inneren Erzfeind ist, seine Botschaften als bösartige Attacken zu entlarven, anstatt die niederschmetternde emotionale Wirkung als angemessen und berechtigt hinzunehmen.

Prüfungsangst ist eine körperlich spürbare Attacke des inneren Erzfeindes, die die meisten Menschen kennen. Trotz wochenlanger Vorbereitung redet uns der innere Erzfeind ein, wir würden versagen und uns bis auf die Knochen blamieren. Diese Stimme kann so mächtig werden, dass wir in der Prüfung tatsächlich keinen Satz mehr herausbekommen und ein sogenanntes Blackout erleiden.

Ich komme aus einer Familie, in der Leistung hoch angesehen und gefordert wurde. Entsprechend gut war ich auf die mündliche Examensprüfung vorbereitet. Auf dem Weg zur Prüfung bemächtigte sich mein innerer Erzfeind meines Verstandes. Ich spürte, wie sich in meinem

Kopf eine schwarze Wand aufbaute. Ich befürchtete, nicht einmal mehr meinen eigenen Namen sagen zu können, geschweige denn den Zusammenhang zwischen Wolfram von Eschenbachs Parzival und dem aufstrebenden Bürgertum darlegen zu können. Zwanzig Minuten bevor die Prüfung begann, meldete sich mein innerer Erzfeind. Damals wusste ich nichts von seiner Existenz und geriet in Panik. Vor lauter Verzweiflung begann ich zu brüllen. Ich, die über alle Maßen Kontrollierte, saß in einem Auto und brüllte wie am Spieß. Die Wand verschwand augenblicklich. Heute weiß ich, dass der Körper bei Stress Adrenalin ausschüttet und Brüllen die am schnellsten wirksame Abbaumethode ist.

Mut und Entschlossenheit sind die geeigneten emotionalen Mittel im Kampf gegen die Attacken unseres inneren Erzfeindes. Es reicht ein lautes inneres „Stopp!“, um ihn zum Schweigen zu bringen.

Der innere Erzfeind hindert uns daran, uns zu entfalten und erfolgreich zu sein. Sobald wir einblenden, welche einschränkende, einengende und niederdrückende Wirkung er auf unser Leben hat, entwickeln wir die für unsere Entschlossenheit notwendige Empörung.

Wie kann es sein, dass wir irgendjemandem erlauben, uns derart Angst einzujagen, kein gutes Haar an uns zu lassen, sich an unserem Leid zu laben? Würden wir unserem Partner erlauben, derart mit uns umzugehen? Würden wir einem guten Freund begierig zuhören und sogar zustimmen, wenn er uns derart niedermacht? Sind wir nicht vielmehr genau so, wie wir sind, liebenswert und einzigartig? Hat nicht jeder von uns ein natürliches Recht auf Respekt, Achtung und Wertschätzung?

Sobald wir für uns einstehen und dem inneren Erzfeind entschlossen Einhalt gebieten, legen wir das Fundament für Selbstliebe,

Selbstakzeptanz und inneren Frieden. Sofern wir uns gegen die Angriffe im Innern wehren, werden wir uns auch jenen Menschen gegenüber zur Wehr setzen, die uns schaden oder einschränken wollen. Wir lernen uns selbst mit unseren Anliegen, Grenzen und Bedürfnissen ernst zu nehmen, uns in den Mittelpunkt unseres Interesses zu rücken. Umso öfter wir dem inneren Erzfeind ein entschlossenes Nein entgegensetzen, umso größer werden unsere Selbstachtung und unser Selbstwertgefühl.

Wer seinen inneren Erzfeind bei jedweder Einmischung, ohne zu zögern, stoppt, darf ungestraft eine Tasse fallen lassen, stolpern, sich verhaspeln, eine unbedachte Äußerung machen, Tränen lachen oder sichtbar weinen. Nichts daran ist objektiv peinlich oder unstatthaft. Ohne das Urteil unseres inneren Erzfeindes ist es eine kleine Ungeschicklichkeit oder der angemessene Ausdruck unserer Gefühle.

Jetzt, da wir erfahren haben, dass wir unserem inneren Erzfeind etwas entgegenzusetzen haben, ihm Einhalt gebieten können, führt uns das zum **dritten Schritt:** Unsere Überlebensstrategien als solche zu erkennen und uns selbstkritisch zu hinterfragen, ob die von uns gewählten Hauptstrategien uns stärken oder schwächen.

Braucht es ein Fünfgängemenü, wenn Freunde zum Essen kommen? Steht es mir dafür, meine Familie an Samstagen allein zu lassen, nur um meine Karriere voranzutreiben? Füllt es meinen Abend wirklich aus, mich durch zehn Programme zu zappen?

Der **vierte,** letzte und einschneidende **Schritt** besteht in der Bereitschaft, den Deckel zu lüften, um unser seelisches Potential für uns wieder uneingeschränkt zugänglich zu machen.

Bevor wir den Deckel lüften und unweigerlich mit den Verletzungen unseres inneren Kindes konfrontiert werden, müssen wir uns einen sicheren Rahmen schaffen. Es ist durchaus sinnvoll, für eine Zeit professionelle Unterstützung hinzuzuziehen, wenn wir uns unseren prägenden Kindheitserfahrungen zuwenden wollen, um unser seelisches Potential freizulegen. Niemand zögert, sein Auto bei erkennbaren Einschränkungen einer Fachwerkstatt anzuvertrauen. Die Inanspruchnahme eines therapeutischen Begleiters gilt in unserer Gesellschaft bedauerlicherweise nach wie vor als Schwäche, wenn nicht als Bekenntnis, psychisch krank zu sein. Manche meiner Klienten haben mir anvertraut, dass sie Wochen benötigt haben, um den Hörer in die Hand zu nehmen und meine Nummer zu wählen. Einige meiner Klienten halten ihre Besuche bei mir geheim. Manchmal weiß nicht einmal der Ehepartner, dass sie zu „so was" gehen.

Haben wir, wie die meisten Menschen, den Deckel der Verdrängung gewählt, brauchen wir eine liebevolle Hand, die uns sanft berührt, die Bereitschaft unseres Gegenübers, uns zuzuhören, ohne umgehend Lösungen zu präsentieren, aufrichtiges Mitgefühl und ein paar tiefe Atemzüge – und die verdrängten Gefühle kommen wieder zutage.

Menschen, die den Deckel der Beschönigung wählen mussten, erleben meist einen kleinen Schock, wenn das ganze Ausmaß ihrer Verletzungen ans Licht kommt. Hinter einer scheinbar glücklichen Kindheit offenbaren sich schmerzlichste Erlebnisse. Menschen, die sich ihre Kindheit rosarot malen mussten, brauchen von ihrem therapeutischen Gegenüber viel Geduld, da die ganze Wahrheit nur Stück für Stück aufgedeckt werden kann. Der Körper hilft in diesem Prozess, er kann als Quelle tiefer Ernsthaftigkeit und neuer, authentischer Freuden entdeckt werden.

Ein Mensch, der nur durch Vergessen seine Kindheitstraumata über-
leben konnte, erinnert weder ein Weihnachtsfest noch sein Kinderzimmer oder einen seiner Geburtstage als Kind. Was nicht war, kann auch
nicht weh tun. Der Körper erscheint ruhig, die Bewegungen sind jedoch
steif. Nähe und Berührungen können nur schwer zugelassen werden.
Ein Mensch, der den Deckel des Vergessens wählen musste, braucht
von seinem therapeutischen Begleiter aufrichtigen Respekt für die
seelische Entscheidung, das Erlebte zu deckeln, und die Zuversicht,
dass das Leben dennoch Geschenke bereithält, die es lohnenswert
machen.

In meinem Verständnis ist das Einbeziehen des Körpers in die ge-
meinsame therapeutische Arbeit unabdingbar. Könnte unser Körper
sprechen, würden wir erfahren, welche Anstrengung er leistet, um
unsere Gefühle zu deckeln. Und wir wüssten, welche Sehnsucht der
Körper hat, sich frei und ungezwungen ausdrücken zu dürfen. Sinn-
gemäß würde er sagen:

*Ich weiß, dass du mich wenig beachtest, weil du ahnst, dass ich auf einer
Menge schlechter Erfahrungen und schmerzlicher Gefühle sitze und eine
Last auf meinen Schultern trage.*

*Ich halte die Luft an, wenn du die Kontoauszüge studierst, ich senke den
Blick, sobald dir die Laufmasche aufgefallen ist. Ich muss mich räuspern,
damit du Gehör findest, ich ziehe unwillkürlich die Schultern hoch, wenn
die Polizei an uns vorbeifährt. Meine Hände zittern, wenn ich abends
nach einem Zwölfstundentag unter Strom stehe. Ich kann nichts dafür,
ich bekomme leider rote Flecken am Hals, wenn dir etwas in Gegenwart
anderer peinlich sind.*

*Es ist sehr anstrengend, niemanden merken zu lassen, wie es in uns aus-
schaut. Können wir das Leben nicht ein bisschen mehr genießen?*

Ich wüsste tausend tolle Dinge, die wir tun könnten. Wir könnten uns in eine wohlige Badewanne voll mit warmem Wasser kuscheln, wir könnten zu unserer Lieblingsmusik durchs Wohnzimmer tanzen. Ich liebe lange Spaziergänge in der Natur. Ich mag es, stehen zu bleiben, tief einzuatmen und die Arme zum Himmel zu strecken. Ich mag Berührungen, sanfte, liebevolle, wärmende Berührungen.

Unser Körper ist der Schlüssel zu unserem unter dem Deckel verborgenen inneren Kind.

Zum Glück sind wir auch nicht mehr das kleine, wehrlose, der Situation ausgelieferte Kind von damals. Unsere reale Lebenssituation ist nicht ausweglos. Wir sind erwachsen und können unser inneres Kind an die Hand nehmen, auffangen, trösten und beschützen. Es sehnt sich nach unserem Mitgefühl, unserer Anteilnahme und unserem Trost. Ihm in unserem Leben Raum geben bedeutet anzuerkennen, dass der in uns verborgene, ursächliche Schmerz auch in unserem erwachsenen Leben wirksam ist.

Um unser ursprüngliches inneres Kind wiederbeleben zu können, ist der liebevolle und vertrauenswürdige Kontakt mit einem Therapeuten hilfreich. Wir brauchen Halt und Trost, um unseren Tränen wieder freien Lauf lassen zu können und über unsere Stimme unserem Schmerz Ausdruck zu verleihen. Wir brauchen ein starkes Gegenüber, das unserer Wut standhält. In der Zusammenarbeit können wir uns nach und nach mit unserem ursprünglichen Lebensgefühl eines vitalen, entspannten und glücksfähigen Menschen wieder verbinden.

Die Reise zu unserem inneren Kind ist ein sehr bewegender, hochemotionaler Ausflug in die Vergangenheit mit dem Ziel Zukunft. Diese innere Reise ist notwendig, um mit unserer Vergangenheit Frieden schließen zu können. Nur wenn wir uns dem Kind, das wir einmal waren, liebevoll zuwenden, haben wir freien und unbeschwerten Zugang zu unserem seelischen Potential.

Mit Hilfe eines Fotos von uns als Kind können wir uns dem Lebensgefühl von damals annähern, unseren Augenausdruck, unsere Mimik und Körperhaltung als Kind erforschen. Wir können das Kind auf diesem Foto in einem inneren Dialog nach seinen Interessen, seinem Kummer, seinen Ängsten und Sehnsüchten befragen.

Erst im Angesicht unserer eigenen Kindlichkeit und ursprünglichen Unschuld hören wir auf, uns mit kalten, perfektionistischen, wertenden Augen zu betrachten. Es macht uns weich, offenherzig und berührbar für uns selbst und für andere.

Die Rückbesinnung auf unser inneres Kind bahnt uns den Weg zu der unserem Körper innewohnenden Kraft und Weisheit. Der Körper bietet uns einen relativ leichten Zugang zu unseren ursprünglichen Körper- und Sinneswahrnehmungen, die wir hatten, bevor wir unser Potential der Anpassung an unsere Umgebung opferten.

Sobald wir unsere eingefahrene Körperhaltung bewusst verändern, unserer Gestik und Mimik ihre Ausdruckskraft erlauben, unsere angespannte Muskulatur lockern, unsere Atmung vertiefen und unseren Stimmausdruck befreien, werden wir mit einem Mehr an Lebendigkeit, Lebensfreude, Kraft und Gelassenheit belohnt.

Unsere Sehnsucht nach Glück hat ihre Berechtigung in der in unserem Körper verankerten Gewissheit, dass wir alles in uns tragen, was wir zu unserem Glück brauchen.

Übung: Die innere Sammlung

Ich führe jeden Morgen eine Übung durch, die mir hilft, mich zu entspannen, mit mir und meinem Körper in Kontakt zu kommen, mich wichtig zu nehmen und mich mit meinem inneren Kind zu verbinden. Die innere Sammlung dauert keine fünf Minuten und ist an nahezu jedem Ort durchführbar.

Dazu setze ich mich bequem und aufrecht hin, schließe die Augen und stelle mir vor, ich bin rundherum von einem schützenden Umhang umgeben. Dieser Umhang verhindert, dass ich von den Geschehnissen um mich herum so eingenommen werde, dass ich mich verliere. Er hält alles von mir fern, was mir schadet. Er schützt mein inneres Kind und bewahrt mich vor der Wucht der Attacken meines inneren Erzfeindes, den ich mir außerhalb des Umhangs vorstelle. So kann ich offen und berührbar bleiben.

Anschließend visualisiere ich meine Traumlandschaft. Meist sehe ich vor meinem geistigen Auge ein mit Schnee bedecktes, schützendes Gebirge hinter mir. Vor mir liegt das von der Sonne beschienene, offene Meer, um mich herum wiegen sich duftende Blumen im Wind. Es ist, als sei ich gerade an meinem Lieblingsurlaubsort angekommen. Vor mir liegen zwei freie Wochen, kein Handy kann klingeln, niemand will etwas von mir, die Zeit gehört nur mir. Ich atme die Stille und Schönheit dieses gefühlten Moments ein.

Dann wandere ich mit meiner inneren Achtsamkeit zu meinem linken Fuß. Dort verharre ich so lange, bis ich meinen Fuß intensiv spüren kann. Dann wandere ich mit meiner inneren Spürung mein linkes Bein hoch, fühle mein Gesäß auf dem Boden. Gedanklich springe ich zu meiner linken Hand, wandere den linken Arm hoch, durchquere im oberen Rücken meinen Brust-korb, um dann meinen rechten Arm bis in meine rechte Hand hinabzuwandern. Von dort springe ich in meiner Vorstellung zu meiner rechten Hüfte, weiter das rechte Bein hinab bis zu meinem rechten Fuß. Ich kenne keine vergleichbar kurze Übung, um mich nachhaltig mit meinem Körper zu verbinden.

Im Anschluss lege ich meine rechte Hand auf meinen unteren Bauch und meine linke Hand auf mein Herz. Dort lasse ich meine Hände ruhen und erforsche, wie es mir an diesem Morgen geht. Wie immer es mir geht, ich nehme es akzeptierend zur Kenntnis.

Danach strecke ich beide Arme über meinen Kopf weit nach oben, lasse meinen Kopf leicht nach hinten fallen und nehme drei tiefe Atemzüge. Ich beobachte, wie mein Brustkorb sich beim Einatmen ausdehnt und beim Ausatmen zusammenzieht.

Dann nehme ich die Arme wieder so herunter, dass ich die Hand-innenflächen vor meiner Brust zusammenführen kann. In dieser Haltung bleibe ich einen Moment, um mir vom Leben all das zu wünschen, was ich brauche, um gut durch den bevorstehenden Tag zu kommen.

Jeden neuen Tag wünsche ich mir Schutz und Führung sowie Klarheit und Disziplin, weil mich diese Kräfte und Eigenschaften enorm stärken, entspannen und mir Vertrauen in das Leben schen-ken. Zusätzlich wünsche ich mir, was ich spezifisch für diesen Tag als hilfreich erachte.

Zum Abschluss lasse ich meine Arme zu Boden gleiten und schenke mir ein Lächeln.

Das Geschenk – wenn wir die Narben des Lebens lieben lernen

*Glück
ist Talent
für das Schicksal.*

Novalis

Die Unschuld eines gelebten Lebens ist von Staunen und Weisheit erfüllt. Wir wissen: Schmerz, Sorgen und Nöte existieren. Dunkles und Schwieriges werden ebenso gebraucht wie Lichtes und Leichtes.

Es ist ein Irrglaube, wir müssten kämpfen, damit etwas anders wird. Es gibt nichts zu tun. Es ist alles da. In uns. Es ist eine Frage der Achtsamkeit, des Selbst-Bewusstseins, ob wir mit uns und dem, was das Leben uns gegeben hat, in Einklang sind.

Selbst-Bewusstsein bedeutet anzuerkennen: Es gibt keine schmerzfreie, ideale Kindheit. Menschen machen Fehler, um aus ihnen lernen zu können. Das Leben ist reich an Licht und Schatten, unabhängig davon, ob wir uns anstrengen oder gehen lassen. Der Lebensweg, den wir gegangen sind, ist der Lebensweg, den wir gehen mussten. Es gab keinen besseren für uns.

Ich habe von tragischen Lebensgeschichten gehört, habe grausam wirkende Schicksalsschläge begleitet. Als nicht Betroffene konnte und kann ich relativ früh erkennen, dass sich hinter jeder Tragik ein großes, für den Betroffenen wertvolles und einzigartiges Geschenk verbirgt, das es zu entdecken gilt.

Eine nahe Freundin von mir erkrankte vor ein paar Jahren an Brustkrebs. Plötzlich, von einem Tag auf den anderen, stand der Tod als Möglichkeit im Raum. Nachdem sie den Schock überwunden hatte, fing meine Freundin an, ihr Leben auf den Prüfstand zu stellen. Das tat sie in einer Radikalität und Wahrhaftigkeit, zu der nur Menschen imstande sind, die den Tod vor Augen haben. Sie befreite sich von Ballast, sie klärte Dinge, die sie seit Jahren vor sich hergeschoben hatte, sie machte reinen Tisch.

Nach nächtelangen Gesprächen habe ich mich irgendwann zu der ernst gemeinten Äußerung hinreißen lassen, dass ich sie um den Brustkrebs beneide. Sie hat genau verstanden, was ich sagen wollte. Nicht nur den Krebs hat sie besiegt. Sie hat ihren inneren Erzfeind besiegt, der mit ihrer kostbaren Zeit Schindluder trieb. Seitdem nimmt sie ihre Bedürfnisse ernst, sie nimmt sich bewusst Auszeiten und grenzt sich von all dem ab, was ihr nicht guttut.

Es braucht keine Krebserkrankung, um für uns selbst einen gangbaren Lösungsweg zu finden, der unsere seelischen Wachstumsbremsen löst und unser Potential zugänglich macht. Ausschlaggebend ist, sich niemals entmutigen zu lassen.

Eine Klientin von mir litt seit mehr als zwei Jahrzehnten an massivem Übergewicht. Obwohl sie über ein hohes Maß an Disziplin verfügte, schien sie gegen ihre Esssucht wehrlos. Ging sie doch regelmäßig zum Sport und zwang sich zu ungezählten Diäten. Ohne Erfolg. Ihre Sucht und ihr innerer Erzfeind hatten sie fest im Griff. Ihr Selbstwertgefühl wurde tief erschüttert, geringste Alltagsirritationen drohten sie aus der Bahn zu werfen.

Eines Tages erzählte ich ihr von der Möglichkeit einer Magenbandoperation. Um die Risiken wissend, entschloss sie sich zu der Operation, in der Gewissheit, dass sie sich auf ihre Disziplin verlassen kann, wenn sie ein Instrument in die Hand bekommt, das der Stimme der Verführung einen Riegel vorzuschieben hilft. Das Magenband unterstützte sie, dauerhaft der Negativspirale von Misserfolg, Selbstabwertung, Verunsicherung und seelischer Instabilität zu entkommen.

Sie hat auch jetzt keine Modelmaße, aber ihr Übergewicht ist aus dem gesundheitsgefährdenden Bereich heraus. Aber sie hat das Vertrauen in ihre Entscheidungsfähigkeit zurückgewonnen. Und mit dem gewonnenen Vertrauen auch die Kraft, sich entschlossen gegen alle anderen Attacken ihres inneren Erzfeindes entschieden zur Wehr zu setzen.

Krisen und Schicksalsschläge sind die Lehrmeister unseres Lebens und keine Strafen. Das Leben hat keinen Grund, uns zu bestrafen. Warum sollte es? Das Leben meint es gut mit uns, auch wenn es manchmal anders scheint. Wir stellen die inneren Weichen neu, wenn wir uns verrannt haben oder wenn das Leben unerwartet und ungebeten einen Kurswechsel vornimmt.

Eine Zeit lang habe ich in der städtischen Klinik Nürnberg Jahresgruppen für stark übergewichtige Menschen psychologisch begleitet. Gegen Ende des Jahres sprach ich in einer dieser Gruppen über das Geschenk, das wir erhalten, wenn wir die Narben des Lebens lieben lernen. Während ich sprach, trafen meine Augen die Augen eines teilnehmenden Mannes, der vor nicht einmal einem Jahr seinen Sohn durch einen Verkehrsunfall verloren hatte. Augenblicklich verstummte ich höchst verunsichert. Mein innerer Erzfeind attackierte mich massiv ob meiner fehlenden Sensibilität. Dieser Mann dagegen erklärte mir ungefragt, dass er noch vor wenigen Monaten den Raum verlassen und den Kurs storniert hätte, wenn ich von Schicksalsschlägen als Geschenk gesprochen hätte. Jetzt wisse er, dass erst der Tod seines

Sohnes ihm ermöglicht habe, sein über viele Jahre versteinertes Herz wieder zu öffnen. Er bedauere zutiefst, dass sein Sohn hatte sterben müssen, aber er, seine Frau und seine Tochter seien sehr dankbar für dieses Geschenk.

Jeder Lebensweg hält auf oft schmerzliche Weise das Geschenk der Besinnung auf das Wesentliche im Leben bereit.

Der Lebensweg auf einen Blick

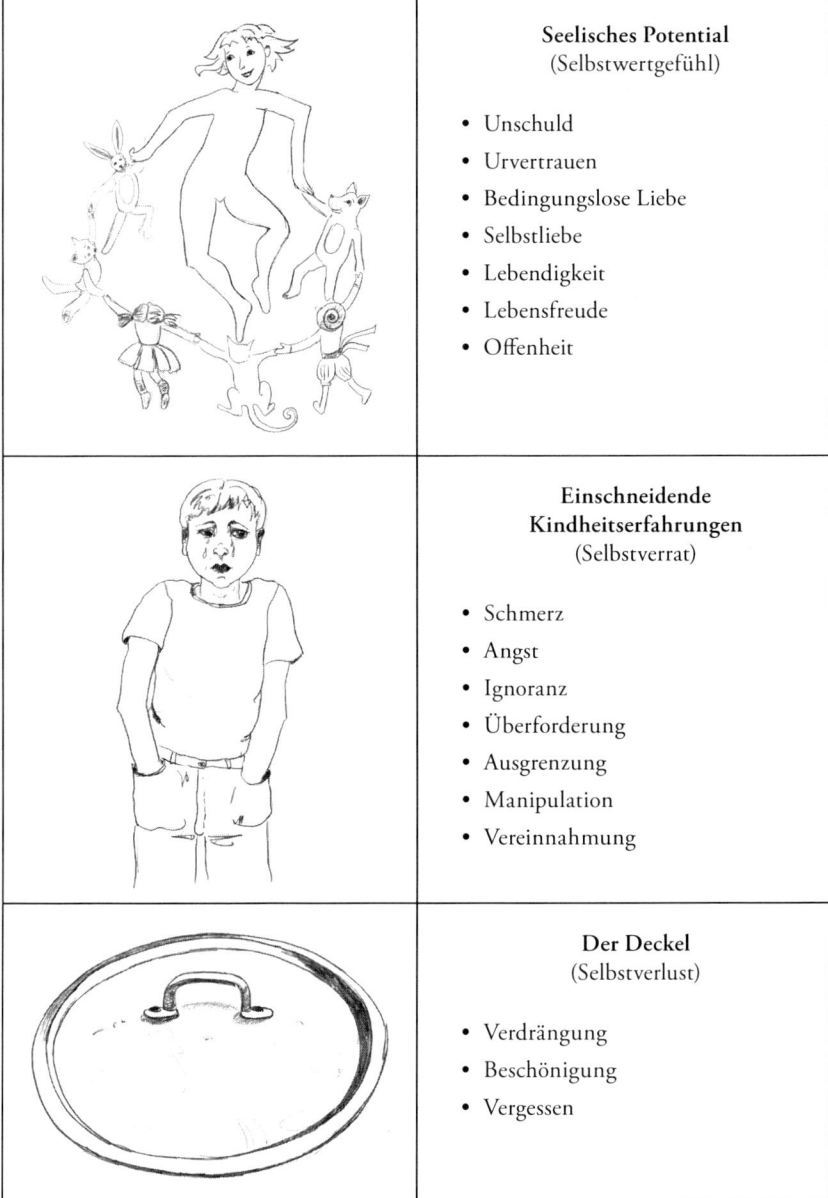

Seelisches Potential
(Selbstwertgefühl)

- Unschuld
- Urvertrauen
- Bedingungslose Liebe
- Selbstliebe
- Lebendigkeit
- Lebensfreude
- Offenheit

**Einschneidende
Kindheitserfahrungen**
(Selbstverrat)

- Schmerz
- Angst
- Ignoranz
- Überforderung
- Ausgrenzung
- Manipulation
- Vereinnahmung

Der Deckel
(Selbstverlust)

- Verdrängung
- Beschönigung
- Vergessen

Der innere Erzfeind
(Selbsteinflüsterung)

- Schlechtes Gewissen
- Schuldgefühle
- Scham
- Selbstabwertung
- Selbsterhöhung

Die Überlebensstrategien
(Selbstbetrug)

- Suchtmittel
- Leistung
- Hier ist alles in Ordnung
- Sex
- Ruhm und Reichtum
- Krankheit
- Opferrolle
- Schlaf
- Gewalt
- Rettender Engel

Der Aufbruch
(Selbstbetrachtung)

- Eingeständnis der Überlastung
- Den inneren Erzfeind entmachten
- Den Deckel mit Hilfe des Körpers lüften
- Das innere Kind aufsuchen
- Schutz, Trost und Liebe empfangen

Das Geschenk
(Selbstbewusstsein)

- Lebensbejahung
- Entspannung
- Leichtigkeit
- Innerer Frieden
- Gelassenheit
- Selbstbewusstsein
- Selbstwert
- Versöhnlichkeit

Das Lebensthema:

Warum wir genau so ticken, wie wir ticken

Vom Gewinn, sein Lebensthema zu kennen

*Bei gleicher Umgebung
lebt doch jeder
in einer anderen Welt.*

Arthur Schopenhauer

Wir durchlaufen in unseren ersten fünf Lebensjahren alle wesentlichen menschlichen Seinserfahrungen.

Es beginnt mit der Erfahrung unserer Existenz. Sind wir erwünscht oder nicht? Unter welchen Umständen verlaufen die Schwangerschaft und unsere Geburt? Nach unserer Geburt wird unser Leben durch unsere Grundbedürfnisse nach Nahrung, Nähe und Schlaf bestimmt. Werden unsere Grundbedürfnisse angemessen und liebevoll befriedigt oder erleiden wir Mangel? Sobald wir als Kleinkind zu krabbeln beginnen, wollen wir unsere Umgebung erforschen. Bekommen wir den dafür notwendigen Freiraum? Dürfen wir zugleich jederzeit in den schützenden Schoß der Mutter zurückkehren? Nach und nach entwickeln wir einen immer stärker werdenden eigenen Willen. Finden unsere Willensbekundungen Akzeptanz oder wird unser eigener Wille unterdrückt? Im Alter zwischen vier und fünf Jahren erkennen wir unser eigenes Geschlecht. Bekommen wir Anerkennung und Wertschätzung vom Vater, der in dieser Phase eine wichtige Rolle spielt?

Alle Erfahrungen, die wir während unserer frühen Entwicklung machen, prägen nachhaltig unsere Grundannahme, wer wir sind und wie die Welt ist. Leider sind es hauptsächlich die negativen Grunderfahrungen, die uns im Erwachsenenalter begleiten und behindern, wenn wir natürlich auch als Kind eine Menge guter Erfahrungen machen.

Aus den menschlichen Seinserfahrungen, die jeder von uns durchlebt, entwickeln sich verschiedene Lebensthemen. Eine Beschreibung der insgesamt acht verschiedenen Lebensthemen kann der Einzigartigkeit, die jedem Menschen zu eigen ist, natürlich nicht gerecht werden. Die jeweilige Typenbeschreibung gibt die Extremform wieder, die mögliche, aber seltene unvermischte Erscheinungsform. Die meisten Menschen entsprechen den dargestellten Typen nicht eins zu eins, sondern erkennen sich in einzelnen Lebensthemen in unterschiedlichem Ausmaß wieder. Wer sich beispielsweise bei der Beschreibung des Angestrengten in vielen Beispielen angesprochen fühlt, kann sicher davon ausgehen, dass Leistung und damit einhergehend der Mangel an Entspannung und Genuss ein Thema in seinem Leben darstellt, dem es sich zuzuwenden lohnt. Gleichzeitig können auch Aspekte des Überbedürftigen oder des Machtbewussten eine gewichtige Rolle im Leben spielen.

Die detaillierte Kenntnis der unterschiedlichen Lebensthemen ist in vielerlei Hinsicht gewinnbringend. Sein eigenes Lebensthema zu kennen, ist vergleichbar mit dem Wissen eines Diabetikers um seine Erkrankung. Die eigene Prägung zu ignorieren ist ebenso wenig sinnvoll wie eine Diabetes-Diagnose zu leugnen. Beides entzieht sich unserer Wahl. Es ist, wie es ist. Bei Diabetes hilft das Wissen um die Erkrankung, was zu beachten ist. Unser eigenes Lebensthema zu kennen, schenkt uns die Gelassenheit, mit unserer Eigenart Frieden zu schließen. Wir werden uns darüber klar, was uns stärkt und was uns schwächt. Das Wissen um die Unabänderlichkeit unserer frühkindlichen Prägung entlässt uns aus nicht erfüllbaren Erwartungen an uns selbst. Ist es nicht entlastend, zu wissen, dass wir mit einer Diät nur bedingt eine Veränderung unseres körperlichen Erscheinungsbildes erzielen können, da unser Körperbau von unserem Lebensthema beeinflusst wird?

Das Wissen um die unterschiedlichen Lebensthemen hilft auch im Kampf gegen unseren inneren Erzfeind. Es zeigt uns, dass die Reaktion anderer auf uns nur sehr bedingt mit uns und einem möglichen Fehlverhalten zu tun hat. Die Reaktion ist vielmehr auf das Lebensthema unseres Gegenübers zurückzuführen.

Die erkennbare Systematik, die dem Wissen über die acht Lebensthemen zugrunde liegt, macht uns nicht nur tolerant im Umgang mit den Eigenarten anderer Menschen. Sie erklärt auch, warum wir manche Menschen anziehend und andere eher unsympathisch finden.

Die den folgenden Kapiteln vorangestellten Körperbilder zeigen, welchen Körperbau wir als Reaktion auf die als Kind in bestimmten Entwicklungsphasen erlittenen Prägungen ausbilden. Als Kleinstkind können wir fast ausschließlich körperlich auf starke Eindrücke von außen reagieren, um uns zu schützen. Ein Säugling kann weder weggehen noch sich durch Reflexion das Erlebte erklären.

Es gibt Menschen, die maßgeblich in einer bestimmten Entwicklungsphase geschwächt wurden. Sie stehen unter der Einwirkung eines sie bestimmenden Lebensthemas. In diesem Fall kann man, so erstaunlich es klingen mag, von dem körperlichen Erscheinungsbild eines Menschen direkt auf sein Lebensthema schließen.

Die meisten Menschen werden als Kind in mehr als nur einem Entwicklungsschritt wesentlich geschwächt. Dann steht ein Mensch unter dem Einfluss zweier oder dreier zentraler Lebensthemen. Das körperliche Erscheinungsbild entspricht dann nicht exakt den im Buch abgebildeten Körperbildern. Es finden sich jedoch typische körperliche Merkmale der jeweiligen Lebensthemen.

Das Körperbild ist zum Glück nicht der einzige Wegweiser, um zu erkennen, welche Lebensthemen ein Mensch hat. Die eigene emotionale Reaktion auf einen Menschen ist ein wichtiges Erkennungsinstrument. Jedes Lebensthema löst im Gegenüber bestimmte Gefühle aus. Indem wir beobachten, wie andere auf uns reagieren, bekommen wir Hinweise auf unser Lebensthema. Umgekehrt kann unser Lebensthema als Erklärung dafür dienen, warum wir bei anderen bestimmte Reaktionen auslösen.

Um die Fülle an Informationen über die acht verschiedenen Lebensthemen übersichtlich zu gestalten, habe ich jeder Beschreibung die gleiche Struktur gegeben.

Am Anfang skizziere ich die **einschneidende Kindheitserfahrung**, den als Kind erlebten **Mangel**. Ich erläutere, mit welchem menschlichen **Grundrecht** jedes **Lebensthema** verbunden ist. Der **Zeitraum der Prägung** verdeutlicht, wie früh, in welcher Reihenfolge und binnen welch kurzer Zeit sich die einzelnen Lebensthemen ausbilden. Ich beschreibe die **Grunderfahrung** als Kind. Ich benenne die **Lebensaufgabe als Erwachsener**, die ein Lebensthema uns stellt, und liste die **Grundannahmen** auf, die aus den prägenden Kindheitserfahrungen abgeleitet werden. Die Grundannahmen entsprechen zugleich den zentralen **Attacken durch den inneren Erzfeind**. Ich setze **wohltuende Botschaften** dagegen. Ich benenne die **Überlebensstrategie** und definiere, ob es sich bei dieser Strategie um **Anpassung oder Rebellion** handelt. Weiter beschreibe ich den **Körperbau**, das **Atemmuster** und das typische **Essverhalten**. Ich zeige auf, was wir tun müssen, um uns in das **Lebensgefühl** des jeweiligen Themas einfühlen zu können und welche **emotionale Wirkung** ein Lebensthema auf andere Menschen hat. Ich nenne **prominente Beispiele von** Menschen, die das entsprechende Lebensthema haben. Ich zeige auf, wie sich das Lebensthema in einer **Partnerschaft** auswirkt. Ich gebe ein **Fallbeispiel aus meiner Praxis** und nenne das besondere **Potential**, das jedes Lebensthema auszeichnet. Daraus leite ich **geeignete Berufe** ab. Abschließend füge ich (grau unterlegt) eine **Übung** mit genauer Praxisanleitung an, die darin unterstützt, das jedem Lebensthema innewohnende Potential zu stärken.

Meine Beschreibung der acht möglichen Lebensthemen basiert auf der Charaktertypologie nach Wilhelm Reich. Die Reichianische Charaktertheorie ist nicht nur eine detailreiche Beschreibung der gravierenden Auswirkungen frühkindlicher Prägungen auf unser Denken und Fühlen. Wilhelm Reich war der Erste, der den Einfluss prägender Kindheitserlebnisse auf unser körperliches Erscheinungsbild untersucht und in die psychoanalytische Charaktertheorie integriert hat. Alexander Lowen, John Pierrakos und Ron Kurtz haben in der Folge die Reichianische Charaktertheorie maßgeblich weiterentwickelt.

Bei meiner Beschreibung der einzelnen Lebensthemen habe ich die der Reichianischen Charaktertheorie zugrunde liegende Annahme übernommen, dass die Hauptbezugsperson für die Entwicklung der ersten sechs Lebensthemen auch heute noch in aller Regel die Mutter ist. Selbstverständlich kann der Platz der Mutter von einem alleinerziehenden Vater oder einer Großmutter eingenommen werden. Die letzten beiden Lebensthemen, der Angestrengte und der Aufbauschende, werden maßgeblich vom Vater geprägt.

Im Anschluss an die systematische Beschreibung der acht Lebensthemen findet sich auf Seite 138 f. eine Übersicht über alle Lebensthemen. Auf Seite 140 schließt sich ein Fragebogen an, der hilft, das eigene

Lebensthema oder die Lebensthemen, die uns wesentlich beeinflussen, zu erkennen.

Aus Gründen der Lesbarkeit habe ich auf eine Unterscheidung zwischen weiblicher und männlicher Schreibform verzichtet und einheitlich die männliche Schreibform gewählt. Alle Ausführungen und Beispiele gelten selbstverständlich für beide Geschlechter.

Die acht Lebensthemen

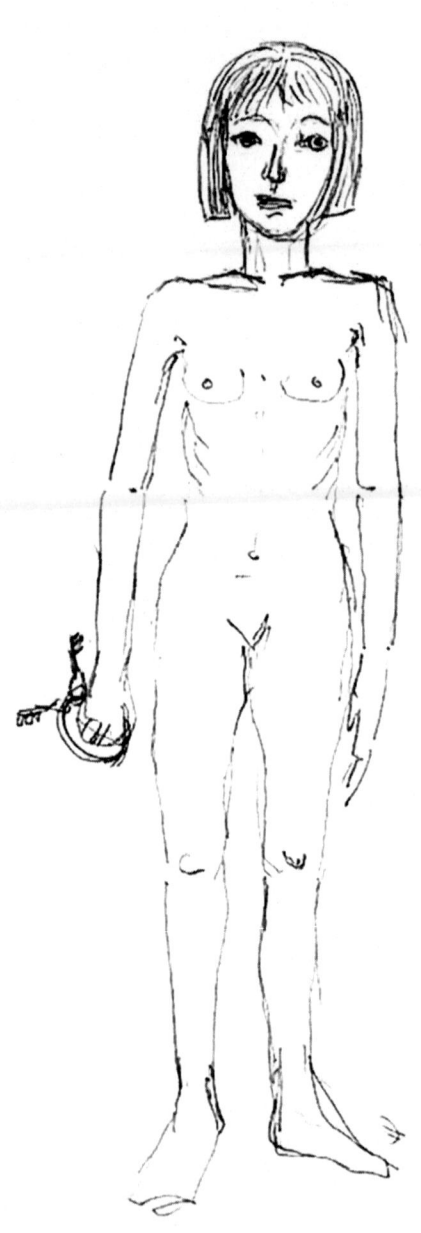

Der Ängstliche

*Eine der Wirkungen
der Furcht ist es,
die Sinne zu verwirren
und zu machen,
dass uns die Dinge
anders erscheinen,
als sie sind.*

Miguel de Cervantes

Die **einschneidende Kindheitserfahrung,** die den Ängstlichen prägt, handelt vom Kampf ums Dasein und dem damit verbundenen **Mangel** an Sicherheit und Zugehörigkeit.

Es geht um das **Grundrecht** auf Existenz. Der **Zeitraum der Prägung** erstreckt sich von der Zeit der Schwangerschaft über die Geburt bis zum sechsten Lebensmonat.

Die **Grunderfahrung,** in der eigenen Existenz bedroht oder nicht willkommen zu sein, kann sowohl medizinische als auch emotionale Ursachen haben. Schon Blutungen während der Schwangerschaft, ein sich zu früh öffnender Muttermund, erst recht die Nabelschnur um den Hals des Ungeborenen, eine Steißlage während der Geburt oder eine Infektion kurz nach der Geburt bedrohen das Leben eines ungeborenen Kindes oder Neugeborenen. Diese Bedrohung wirkt sich nachhaltig auf die Psyche eines Kindes aus. Ein Ungeborenes kann nicht nur die Herztöne seiner Mutter hören und später von anderen Herztönen unterscheiden. Über die Nabelschnur wird der Fötus vor der Geburt von dem seelischen Befinden seiner Mutter beeinflusst. Die negativen oder positiven Effekte werden über Bluthormone übertragen. Genießt eine Mutter ihre Schwangerschaft überträgt sich das ebenso auf ihr ungeborenes Kind, wie wenn sie großen seelischen Belastungen ausgesetzt ist.

Eine die Schwangerschaft ablehnende Haltung der Mutter oder des Vaters kann für das Ungeborene oder einen Säugling ebenso bedrohlich werden. Die Mutter kann ungewollt schwanger sein und eine Abtreibung in Erwägung ziehen. Sie kann sich mit einem Kind völlig überfordert fühlen und über eine Adoption nachdenken.

Die Bedrohung wird als kleines Kind von dem Ängstlichen als so massiv erlebt, dass er noch als Erwachsener Angst hat, auseinanderzufallen, sich aufzulösen oder gar verrückt zu werden. Der erwachsene Ängstliche weiß nicht, wo sein Platz ist. Er hat sich von seinen Gefühlen und Bedürfnissen abgeschnitten.

Die **Lebensaufgabe als Erwachsener** besteht für den Ängstlichen darin, sich im Leben sicher zu verankern.

Aus der Grunderfahrung, in der eigenen Existenz bedroht oder nicht gewünscht zu sein, leitet der Ängstliche folgende **Grundannahmen** über sich und die Welt ab:

- Die Welt ist nicht sicher
- Ich lebe auf dem falschen Planeten
- Mit mir ist etwas verkehrt
- Wenn ich meine Kraft zeige, werde ich vernichtet
- Ich kann meinem Körper nicht trauen
- Ich kann mich nicht fallen lassen
- Ich bin nicht willkommen

- Ich gehöre nicht dazu
- Ich habe kein Recht auf meine Existenz

Diese Grundannahmen entsprechen den Attacken des **inneren Erz-feindes** und schüren die Orientierungslosigkeit und das Fremdheitsgefühl des Ängstlichen.

Den Ängstlichen beruhigen die folgenden **wohltuenden Botschaften**:

- Du kannst dich hier ganz sicher fühlen
- Du gehörst zu uns
- Schön, dass es dich gibt

Der Ängstliche schützt sich mit einem Rückzug in die Welt der Gedanken, Träume und Visionen. Der Ängstliche durchlebt mögliche schlechte Erfahrungen vorab in seiner Phantasie, um sich für die von ihm als bedrohlich empfundene Realität zu wappnen. *Ich denke über alles gründlich nach, dann kann mir nichts erschüttern* entspricht der **Überlebensstrategie** des Ängstlichen. Er reagiert mit **Anpassung**.

Der **Körperbau** des Ängstlichen spiegelt einen Menschen, der unter Schock steht. Der Körper ist angespannt, versteift und schlecht durchblutet. Das Zentrum der Angst befindet sich im Oberbauch. Der Ängstliche fühlt sich wie eine tickende Bombe, die jederzeit explodieren und ihn vernichten könnte. Er friert seine Gefühle und seine Lebendigkeit ein, indem er flach in die Brust atmet und den Solarplexus anspannt.

Arme und Beine sind kraftlos und steif. Der Ängstliche leidet unter Spannungen in den Gelenken, kalten Händen und Füßen. Er ist schlecht geerdet, weil er nicht mit der ganzen Fußsohle auftritt, sondern meist nur mit dem Ballen.

Die Schultern sind hochgezogen, entsprechend angespannt sind die Hals- und Nackenmuskeln, die Kopf und Körper verbinden. Der Ängstliche wirkt unruhig und aufgeregt. Wenn Gefühle aufsteigen wollen, bekommt er rote Flecken am Hals. Der Gesichtsausdruck wirkt beherrscht, fast abwesend. Die Stirn ist zweifelnd in Falten gelegt, die Augen sind weit geöffnet und unter großer Spannung. Der Blick wirkt starr und leer. Augenkontakt meidet er.
Die Stimme klingt mechanisch. Erzählungen von persönlichen Erlebnissen wirken so distanziert und emotionslos, als sei der Ängstliche an dem Geschehen nicht beteiligt gewesen.

Der Ängstliche hat ein paradoxes **Atemmuster**. Er zieht beim Einatmen den Bauch ein.

Das **Essverhalten** des Ängstlichen geht mit erheblichem Untergewicht bis hin zur Magersucht einher. Sein Körper wird von ihm als ein lästiges Anhängsel des wertvollen Kopfes wahrgenommen. Der Ängstliche nimmt sich keine Zeit für seinen Körper, er nutzt seine Zeit zum Nachdenken und Reflektieren, Studieren und Informieren.

Wer das **Lebensgefühl** eines Ängstlichen nachempfinden möchte, um sich einfühlen zu können, muss sich aufrecht hinstellen, die Knie durchdrücken, flach in die Brust atmen, dabei den Oberbauch nach innen ziehen, die Schultern hochnehmen und mit den Augen unentwegt im Raum umherschauen, um mögliche Gefahren kontrollieren zu können.

In seiner **emotionalen Wirkung** weckt der Ängstliche im Gegenüber einen Beschützerinstinkt.

Ein **prominentes Beispiel** für einen Ängstlichen ist der kürzlich verstorbene Michael Jackson. Als Kind hat er seinen Aussagen zufolge Todesangst vor seinem gewalttätigen Vater durchlitten. Seine Erscheinung als Erwachsener wirkte fragil. Die weit geöffneten Augen strahlten Angst, Trauer und Leere aus. Er erachtete seinen Körper als einen Gegenstand, den er von Schönheitschirurgen gestalten ließ. Zugleich litt er unter Hypochondrie. Er konsumierte Antidepressiva und Schlafmittel in hohen Dosen. Er lebte sehr zurückgezogen und suchte vornehmlich Kontakt zu Kindern. Zugleich war er einer der kreativsten Musiker seiner Zeit.

Für den Ängstlichen ist es schwer, mit anderen Menschen in Kontakt zu kommen. Er fürchtet sich vor Gefühlen, und so fällt es ihm schwer, sich in einer **Partnerschaft** emotional zu öffnen. Bestehende Bindungen kann der Ängstliche aufgrund seiner Schutzbedürftigkeit nur schwer lösen.

Ängstliche brauchen einen Partner, der in schwierigen, bedrohlichen Situationen Ruhe und Besonnenheit ausstrahlt. Der Partner muss seine Gefühle ausdrücken können. Er muss sich als zuverlässig, loyal, vertrauenswürdig, friedfertig und pünktlich erweisen.

Das **Fallbeispiel aus meiner Praxis** bezieht sich auf eine junge Frau Mitte dreißig, die mich aufsuchte, um ihre berufliche Situation zu klären. Sie war nach einem Zusammenbruch mit sich anschließendem Klinikaufenthalt seit Monaten krankgeschrieben.

Meine Klientin war eine Zangen- und Saugglockengeburt. Sie kam mit einem Schlüsselbeinbruch und schwerer Gelbsucht auf die Welt und verbrachte die ersten vier Wochen ihres Lebens in einer Kinderklinik. Die frühe Trennung von ihrer überängstlichen Mutter hatte zur Folge, dass Mutter und Tochter keine enge Bindung aufbauen konnten. Ihren Vater erlebte meine Klientin als dominant, streng und gefühlsarm.

In der Pubertät suchte sie bei ihrem Freund Liebe und Geborgenheit. Nachdem ihr Freund sie ohne Vorankündigung verließ, beging sie einen Selbstmordversuch und erwachte in der Klinik.

Nach dem Abitur studierte sie Grundschuldidaktik. Sie wollte gerne studieren, traute sich aber kein anderes Studium zu. Der Schuldienst überforderte sie. Sie hatte einen langen Anfahrtsweg, ihre Klassenstärke betrug über fünfunddreißig Schüler verschiedenster Nationen, die kaum Deutsch sprechen konnten. Um die geforderte Leistung erbringen zu können, nahm meine Klientin regelmäßig Amphetamine. Die Droge machte sie extrem leistungsfähig, raubte ihr aber den Schlaf. Ihre Erschöpfung nahm ein bedrohliches Ausmaß an. Der Teufelskreis aus leistungsförderndem Drogenkonsum und Überforderung gipfelte in einem abermaligen Klinikaufenthalt, dem sich eine monatelange Krankschreibung anschloss.

Sie beschrieb ihre Situation mit den Worten: *Ich habe das Gefühl, wie ein Stück Holz auf dem Wasser zu schwimmen. Mal gehe ich unter, mal komme ich hoch und schnappe nach Luft. Mal geht es schnell vorwärts, mal langsam, manchmal im Kreis. Aber ich finde einfach nicht heraus, wo es nun genau hingehen soll.*

Meine Klientin nutzte die Auszeit, um sich Hilfe zu holen. Sie entwöhnte sich von ihren Drogen und realisierte eine lange hinausgeschobene Reise. Sie kam zu dem Schluss, dass es für sie überlebensnotwenig sei, den Schuldienst zu quittieren, wenn sie ihre Ängste und ihre Überforderung erst nähme. Sie wollte sich nur noch so viel zumuten, wie sie tragen konnte, ohne sich mit anderen zu vergleichen.

Der Ängstliche braucht in der therapeutischen Zusammenarbeit viel Zeit und Zuwendung, um Vertrauen fassen zu können. Eine Gesprächstherapie ist in vielen Fällen nicht sinnvoll. Der Ängstliche denkt viel über sich nach und hat oft mehr Therapiebücher studiert als sein Therapeut. Hilfreich ist sanfte Körperarbeit, die das Bewusstsein auf die dem Körper innewohnenden Kräfte lenkt.

Für den Ängstlichen ist es auch im Alltag wohltuend, sich bewusst seinem Körper zuzuwenden, indem er ihn liebevoll eincremt, sich ausreichend ernährt, sich selbst zärtlich berührt. Es tut ihm gut, in sich hineinzuhorchen: *Wie und wo fühle ich mich gerade in meinem Körper?*

Das besondere **Potential** des Ängstlichen ist seine enorme Kreativität. Der Ängstliche kann in visionäre Welten eintauchen, seine Phantasie zeichnet sich durch große Präzision und Liebe zum Detail aus. Er kann etwas vor seinem geistigen Auge entstehen lassen, was noch gar nicht existiert. Der Ängstliche ist prädestiniert für konzeptionelles Arbeiten. Er verfügt er über die Gabe, sich sensibel in Menschen und Situationen hineinversetzen zu können. Stimmungsschwankungen registriert er seismographisch.

Geeignete Berufe für den emanzipierten Ängstlichen sind Steuerfachangestellte, Bilanzbuchhalter, Hauswirtschafterin, Illustratorin, Kinderbauchautor, Musiker, Innenarchitekt, Schriftsteller, Stadtplaner, Zukunftsforscher oder Landschaftsgärtner.

Übung: Dampf ablassen

Diese Übung eignet sich für alle Menschen, die in ihrem Alltag unter Strom stehen, vor allem für den Ängstlichen, der emotional sehr gestaut ist.

Unser Körper reagiert auf Stress mit der Ausschüttung von Adrenalin. Diese unwillkürliche Reaktion unseres vegetativen Nervensystems war vor Urzeiten sinnvoll, um uns körperlich in die Lage zu versetzen, auf Bedrohungen von außen mit Flucht oder Kampf zu reagieren. Derweil stehen wir keinem Bären mehr gegenüber, sondern verbringen die meiste Zeit unseres anstrengenden Alltags im Sitzen. Wir leiden unter Anspannung, Nervosität und Gereiztheit. Die schnellste und effektivste Möglichkeit, Adrenalin abzubauen und Entspannung zu erreichen, erfolgt unter Zuhilfenahme unserer Stimme.

Setzen Sie sich nach der Arbeit in Ihr Auto (oder begeben Sie sich an einen Ort, wo Sie niemand hören kann), lassen Sie den Motor an, fahren Sie los, drehen Sie die Musikanlage auf und lassen Sie aus dem Bauch einen Ton kommen. Beginnen Sie mit einem Brummen. Geben Sie Ihren Stimmbändern Zeit, sich an die immer größere Beanspruchung zu gewöhnen. Erlauben Sie sich, Ihre Stimme immer voller und lauter klingen zu lassen. Sobald Ihre Stimmbänder geölt sind, brüllen Sie freudig vor sich hin. Sie werden sehen, Ihr Körper baut Adrenalin ab und Sie sind nach weniger als drei Minuten entspannt.

Der Überbedürftige

Wir sind nichts.
Was wir suchen,
ist alles.

Novalis

Die **einschneidende Kindheitserfahrung,** die den Überbedürftigen prägt, handelt von Entbehrung und dem damit verbundenen **Mangel** an liebevoller Zuwendung.

Es geht um das **Grundrecht** auf Bedürfnisbefriedigung. Der **Zeitraum der Prägung** erstreckt sich vom sechsten Lebensmonat bis zu zweieinhalb Jahren.

Die **Grunderfahrung** des Überbedürftigen basiert auf der mangelnden Befriedigung seines elementaren Bedürfnisses als Kleinkind nach Zuwendung und Körperkontakt. Ein Säugling kann nur auf sich aufmerksam machen, indem er schreit. Wird dieses Schreien nicht erhört, kommt irgendwann der Punkt, an dem ein Säugling resigniert und verstummt.

Die Ursachen, warum eine Mutter auf das Schreien ihres Kindes nicht reagiert, sind vielfältiger Natur. Aufgrund ihrer eigenen Geschichte kann sich die Mutter nicht auf einen symbiotischen Kontakt mit ihrem Kind einlassen oder sie ist berufstätig und steht unter großem Zeitdruck. Großen Einfluss hat manchmal auch der Zeitgeist. Bis in die siebziger Jahre galt die strikte Einhaltung fester Essenszeiten und vorgeschriebener Mengen als vorbildlich. Man wollte Kinder nicht verweichlichen.

Der Überbedürftige ergibt sich traurig seinem Schicksal und bleibt auch als Erwachsener davon überzeugt, dass seine Bedürfnisse nicht angemessen befriedigt werden. Er macht seine Erfüllung von anderen abhängig und neigt zu einer traurig-resignierten Grundstimmung.

Die **Lebensaufgabe als Erwachsener** besteht für den Überbedürftigen darin, seine Bedürfnisse selbstverantwortlich zu befriedigen.

Die Grunderfahrung von Mangel und Verlassenheit führt bei dem Überbedürftigen zu folgenden **Grundannahmen:**

- Ich bekomme nicht, was ich brauche
- Ich schaffe das nicht
- Es ist nicht genug für mich da
- Ich brauche die Hilfe anderer
- Ich kann ohne meinen Partner nicht leben
- Ich werde immer verlassen

Diese Grundannahmen entsprechen den Attacken des **inneren Erzfeindes** und zementieren die scheinbare Abhängigkeit des Überbedürftigen von anderen.

Folgende **wohltuende Botschaften** beruhigen den Überbedürftigen:

- Du schaffst das
- Du findest alles, was du brauchst, in dir
- Ich glaube an dich

Der Überbedürftige kann mit sich allein wenig anfangen. Er gibt sich überfreundlich, hilfsbereit und anhänglich. Er versucht möglichst nie allein zu sein. Er lebt in der Hoffnung, dass die große Liebe alles lösen wird. *Ich brauche dich, bitte hilf mir* erweist sich als die **Überlebens-strategie** des Überbedürftigen. Er reagiert mit **Anpassung.**

Der **Körperbau** des Überbedürftigen zeigt einen Menschen, der bedrückt und entmutigt wirkt. Er steht mit durchgestreckten Beinen und kann sich nur mühsam aufrecht halten, der Oberkörper ist stark nach vorne gebeugt. Die Schultern sind vorgeschoben und hängen nach unten, der Brustkorb wird dadurch eingedrückt. Der Rücken ist durch die gebeugte Körperhaltung sichtbar nach außen gedrückt. Das Becken ist schmal, die Muskulatur nur schwach ausgebildet. Der Überbedürftige verfügt über wenig Spannkraft in den Armen, Beinen und im Becken.

Bei einigen Überbedürftigen findet sich am unteren Ende des Brustbeins das sogenannte „orale Loch" oder „Entbehrungsloch". Es sieht aus, als sei dort ein Ei-großes Stück Gewebe herausoperiert worden.

Seinen Kopf muss der Überbedürftige aufgrund der nach unten hängenden Schultern angestrengt hochrecken. Die Nackenmuskulatur wird stark belastet. Die Augen haben einen flehenden Ausdruck. Der Mund wirkt schmollend, die Mundwinkel zeigen resigniert nach unten.

Der Brustkorb ist eingeengt, sodass der Überbedürftige nur mit Mühe genug Luft zum Atmen bekommt. Der Mangel an Atem führt zu einem Mangel an Energie. Das **Atemmuster** des Überbedürftigen bestätigt sein Lebensgefühl, dass die Welt ein Ort der vergeblichen Anstrengung ist.

Das **Essverhalten** des Überbedürftigen ist geprägt von großem Hunger, dennoch neigt er nicht zu Übergewicht. Sein vegetatives Nervensystem verwertet die Nahrung nur bedingt. Während der Ängstliche infolge seiner Anspannung zu Verstopfung neigt, leidet der Überbedürftige unter Durchfall.

Wer das **Lebensgefühl** eines Überbedürftigen nachempfinden will, um sich besser einfühlen zu können, muss sich mit durchgedrückten Knien hinstellen, den Oberkörper in einer Haltung von tiefer Resignation und Kraftlosigkeit nach vorne beugen, dabei die Schultern hängen lassen und sich mit Schmollmund und einem sehnsüchtig-traurigen Blick im Raum umschauen.

In seiner **emotionalen Wirkung** ruft der Überbedürftige im Gegenüber das Helfersyndrom wach.

Bridget Jones verkörpert als **prominentes Beispiel** in dem Film „Schokolade zum Frühstück" den Überbedürftigen. Zu Beginn des Films liegt sie alleine auf dem Sofa, stopft Unmengen von Schokolade in sich hinein, schüttet Rotwein nach und kommt vor unerfüllter Sehnsucht nach dem geliebten Mann fast um. Ihr Augenmerk richtet sich auf den Mann, der sie ausnutzt und abweist. Sie übersieht lange Zeit den Mann, der ihr aufrichtig zugewandt ist.

Innerhalb einer **Partnerschaft** neigt der Überbedürftige zu Eifersucht und starker Verlustangst. Er klammert sich an den Partner und wünscht sich vollkommene Verschmelzung. Ein Partner, der derart vereinnahmt wird, zieht sich irgendwann zurück. Der Überbedürftige erlebt eine Bestätigung seiner Grundannahme, dass er von Verlassenheit und Mangel bedroht ist.

Der Überbedürftige braucht einen liebevollen Partner, der sich jedoch klar abgrenzen kann. Er braucht einen Gefährten, der seine eigenen Interessen wahr- und ernst nimmt, um dem Überbedürftigen ein Vorbild in der selbstverantwortlichen Bedürfnisbefriedigung zu sein. Es ist für den Überbedürftigen wichtig, dass er lernt, seine Bedürfnisse, seine Wünsche und Anliegen konkret, klar und detailliert zu benennen.

Das **Fallbeispiel aus meiner Praxis** bezieht sich auf einen sehr zurückgezogen lebenden Mann Ende vierzig. Er war davon überzeugt, auch in meinen Gruppen zu kurz zu kommen. Er ignorierte hartnäckig, dass andere Teilnehmer ihm bereitwillig zuhörten, ihn in den Arm nahmen. Als ich ihn darauf hinwies, dass er die angebotene Nähe ausblendete, beharrte er darauf, dass ihm das alles nichts nütze bei seiner Suche nach einer Frau, die ihn liebt. Erst als ihm bewusst wurde, dass er die Erfüllung seiner Bedürftigkeit dadurch sabotierte, dass er sich auf einen Wunsch fixierte, dessen Erfüllung nicht in seiner Macht lag, war er bereit, das Gebotene dankbar anzunehmen.

Noch hat er keine Partnerin gefunden. Jedoch hat er gelernt, für seine Wünsche offen und beherzt einzutreten. Seinen inneren Erzfeind hat er entmachtet, indem er an das Glück der kleinen Schritte glaubt. Er erfreut sich an den Kontakten, die er pflegt, und genießt, was ihm von anderen Menschen geschenkt wird.

Das besondere **Potential** des Überbedürftigen ist seine Fähigkeit zu lieben. Er verfügt über ein großes Einfühlungsvermögen gepaart mit der Bereitschaft, anderen Nähe, Anteilnahme, Wärme, Zärtlichkeit, Liebe und Schutz zu schenken.

Geeignete Berufe für einen emanzipierten Überbedürftigen sind Streetworker, Krankenschwester, Lehrer, Logopäde, Kinderarzt, Psychologe.

Übung: Für mich einstehen

Diese körperbetonte Übung hilft, das Gefühl für die eigene Kraft und Entschlossenheit zu intensivieren. Sie unterstützt den Überbedürftigen seine innere Resignation und gefühlte Kraftlosigkeit zu überwinden.

Für diese Übung benötigen Sie eine Musik, die langsam beginnt und sich stetig bis zu einem fulminanten Finale steigert. Der Bolero von Maurice Ravel mit einer Spieldauer von etwa 15 Minuten eignet sich sehr.

Schalten Sie die Musik an. Legen Sie sich in Seitenlage mit einer Decke auf den Boden und ziehen Sie Ihre Arme und Beine dicht an Ihren Körper heran. Schließen Sie die Augen. Von nun an haben Sie eine Viertelstunde Zeit, um sich, parallel zur sanft anwachsenden Musik, aus dieser geschützten Haltung durch sanftes Schaukeln und kleinste Bewegungen zu lösen, sich immer weiter zu öffnen, nach und nach in die Hocke zu kommen, um abschließend im Stehen mit geöffneten Augen die Arme weit auszubreiten, mit einem Gefühl von: *Ich will, ich kann, hier bin ich!*

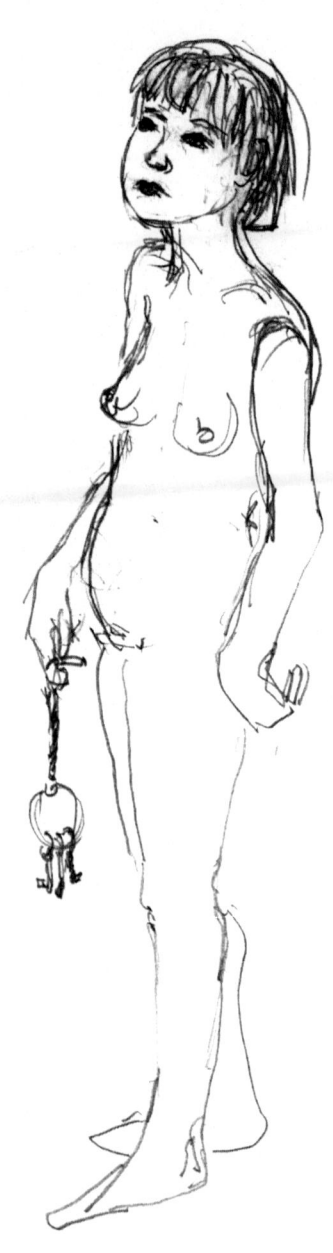

Der Unnahbare

Du musst jeden Tag
deinen Feldzug
gegen dich selbst führen.

Friedrich Nietzsche

Die **einschneidende Kindheitserfahrung,** die den Unnahbaren prägt, handelt von Gefühlskälte und Zurückweisung und dem damit verbundenen **Mangel** an Anteilnahme und Mitgefühl.

Es geht um das **Grundrecht** auf Bedürfnisäußerung. Der **Zeitraum der Prägung** erstreckt sich vom sechsten Lebensmonat bis zu zweieinhalb Jahren.

Die **Grunderfahrung** des Unnahbaren beruht auf der ebenfalls unnahbaren und hartherzigen Haltung seiner Mutter. Diese ablehnende Haltung kann viele Ursachen haben. Es ist anzunehmen, dass die Mutter des Unnahbaren als Kind selbst unter der Härte und Gefühlskälte ihrer Mutter gelitten hat. Oder der Unnahbare entspricht als Kind nicht den Wünschen der Mutter und sie reagiert mit Enttäuschung und Liebesentzug. Oder aber ein Elternteil bringt das Kind in eine neue Beziehung ein und der Partner reagiert mit Eifersucht und Ablehnung.

Um der Missbilligung nicht länger emotional ausgesetzt zu sein, verschließt der Unnahbare schon als kleines Kind sein Herz und verneint seine Sehnsucht nach Nähe zur Mutter. Er setzt alles daran, so schnell wie möglich von seiner Mutter unabhängig zu werden, und lernt sehr früh gehen und sprechen.

Auch als Erwachsener gibt der Unnahbare seine Gefühle und Gedanken nicht preis. Er fürchtet, erneut auf Zurückweisung und Gefühlskälte zu stoßen, und leugnet seine Bedürfnisse. Selbst in einer Notsituation fällt es dem Unnahbaren schwer, sich Hilfe zu holen. Innige Nähe ist für ihn so ungewohnt, dass er es bevorzugt, alleine zu sein.

Die **Lebensaufgabe als Erwachsener** besteht für den Unnahbaren darin, sich und anderen die Sehnsucht nach Nähe und Verbundenheit einzugestehen.

Aus der Grunderfahrung von Kälte und Ablehnung leitet der Unnahbare folgende **Grundannahmen** ab:

- Ich brauche nichts und niemanden
- Ich schaffe es allein
- Gefühle sind lästig
- Ich habe, was man braucht
- Ich mag übertriebene Nähe nicht
- Allein geht vieles leichter

Diese Grundannahmen entsprechen den Attacken des **inneren Erzfeindes** und verstärken seine Angst vor Nähe und Bloßstellung.

Den Unnahbaren beruhigen die folgenden **wohltuenden Botschaften:**

- Ich mag dich, auch wenn du traurig und hilflos bist
- Ich helfe dir gerne, ich will keine Gegenleistung
- Du bist gemeint

Hinter der vom Unnahbaren demonstrativ zur Schau getragenen Unabhängigkeit, scheinbaren Gleichgültigkeit und seinem Stolz verbirgt sich tiefe Scham über seine verborgene Sehnsucht nach Nähe, Geborgenheit und Schutz. *Ich brauche nichts, also fehlt mir nichts* ist die **Überlebensstrategie** des Unnahbaren. Er wählt den Weg der **Rebellion**.

Der **Körperbau** des Unnahbaren entspricht dem Körperbau des Überbedürftigen, nur der Gesichts- und vor allem der Augenausdruck unterscheiden sich. Der Kopf ist stolz nach oben gereckt. Um Unabhängigkeit zu signalisieren löst sich der Blick regelmäßig vom Gegenüber. Der Ausdruck der Augen ist kühl und misstrauisch, die Lippen sind schmal. Ein kühler und harter Klang kennzeichnet die Stimme.

Das **Atemmuster** des Unnahbaren ist geprägt von einem flachen, beiläufigen Ein- und Ausatmen, als wolle sich der Unnahbare selbst vom Atem unabhängig machen.

Der Unnahbare neigt in seinem **Essverhalten** zu Übergewicht, da er den dauerhaften Mangel an Nähe, Unterstützung und Zuwendung durch vermehrtes Essen auszugleichen sucht.

Wer sich in das **Lebensgefühl** eines Unnahbaren hineinversetzen möchte, um sich besser einfühlen zu können, muss die Körperhaltung des Überbedürftigen einnehmen, seinem Gesicht jedoch einen Ausdruck von Hochmut und Stolz verleihen und sich dabei skeptisch und kühl umschauen.

Die **emotionale Wirkung** auf andere besteht bei dem Unnahbaren darin, dass sich das Gegenüber abgelehnt und in Frage gestellt fühlt.

Karl Lagerfeld ist ein **prominentes Beispiel** für einen Unnahbaren. Sein auffälliger Schmuck, die Sonnenbrille, die er stets trägt, seine extravagante Kleidung und die Selbstgefälligkeit, mit der er auftritt, signalisieren seinem Umfeld, dass er Distanz wünscht. Karl Lagerfeld gelingt es seit Jahrzehnten, aus immer gleichen Materialien immer wieder neue Kreationen zu schaffen. Mit Ausdauer, Präzision und Geschick hält er sich an der Spitze einer von Selbstbezogenheit geprägten Branche.

Partnerschaft ist für den Unnahbaren eine Herausforderung. Viele Unnahbare sind überzeugte Singles. Wenn ein Unnahbarer sich auf eine Partnerschaft einlässt, zieht er es vor, getrennt zu wohnen, oder er braucht zumindest einen Raum, in den er sich zurückziehen kann. Er braucht viel Zeit mit sich allein, sonst fühlt er sich schnell überfordert und flüchtet.

Gut ist ein Partner, der das ausgeprägte Bedürfnis des Unnahbaren nach Rückzug nicht als Missachtung versteht. Der Partner muss allein sein können oder eigenständig Kontakte pflegen. Der Unnahbare bedarf eines Partners, der seine Bedürfnisse, Sehnsüchte und Ängste offen und unzensiert darlegt, auch wenn der Unnahbare mit Misstrauen und scheinbarer Gleichgültigkeit reagiert.

Wichtig für ihn ist zu erleben, dass Gefühle nicht beschämend sind und Bedürftigkeit nichts mit Schwäche zu tun hat. Zugleich braucht er Respekt für die von ihm gewünschte körperliche Distanziertheit. Er braucht viel Zeit, um Vertrauen zu fassen und sich öffnen zu können.

Das **Fallbeispiel aus meiner Praxis** bezieht sich auf eine Frau Anfang fünfzig, deren Partner wenige Wochen, bevor sie zu mir kam, nach vielen gemeinsamen Jahren plötzlich gestorben war. Sie hatten in Kürze heiraten wollen und nun stand sie zusätzlich vor finanziellen Problemen. Dennoch war sie sehr gefasst. Ich sah sie weder weinen noch hörte ich sie klagen. Mein Mitgefühl löste bei ihr keine sichtbare Reaktion aus, sie begegnete mir eher mit Skepsis und spürbarer Distanz.

Nur wenige Wochen später beendete sie die Zusammenarbeit mit mir auf unbestimmte Zeit, vermutlich auch, um sich und mir ihre Unabhängigkeit zu beweisen. Obwohl es mir angesichts ihrer Lebenssituation schwerfiel, überließ ich ihr die Entscheidung, wann sie mich wieder aufsuchen wollte. Nach einem Vierteljahr meldete sie sich bei mir. Sie berichtete, dass sie ihren Alltag so umorganisiert hatte, dass er ihrer neuen Situation als Alleinstehende gerecht wurde. Sie hatte sich auf eine besser bezahlte Stelle beworben, alte Kontakte wieder aufleben lassen und besuchte zahlreiche Volkshochschulkurse. Ich sagte ihr, dass sie sehr stolz auf sich sein könne, Unterstützung gesucht und angenommen zu haben.

Der Unnahbare hat das **Potential,** aus Nichts etwas zu zaubern. Er ist ein regelrechter Überlebenskünstler, da er mit einer Mangelsituation souverän und angstfrei umgehen kann. Er ist sehr gut organisiert und hat ein großes Durchhaltevermögen. Er ist patent, direkt, gerecht, wahrheitsliebend und sehr hilfsbereit. Zudem verfügt der Unnahbare über das Talent, sehr genau zuhören und sich das Gesagte bis ins Detail merken zu können.

Geeignete Berufe sind Krisenmanager, Entwicklungshelfer, Beschwerdemanager, Leuchtturmwärter, Seelsorger, Schiedsrichter, Mediator, Nachtwächter, Stewardess.

Übung: Selbstmassage

Die **Selbstmassage** unterstützt, die Sehnsucht nach Berührung zu stillen. Sie eignet sich besonders für den Unnahbaren, da sie Körperkontakt ermöglicht, ohne auf einen anderen Menschen angewiesen zu sein.

Legen Sie sich wahlweise morgens beim Aufwachen oder abends kurz vor dem Einschlafen in Ihrem Bett entspannt auf den Rücken und schließen Sie Ihre Augen. Nehmen Sie Ihre beiden Hände und reiben Sie sie kräftig aneinander, so dass die Handinnenflächen warm werden. Legen Sie Ihre Hände anschließend sanft auf ihre Augenhöhlen oder ihre Wangen und genießen Sie die liebevolle Berührung. Atmen Sie dabei bewusst ein und aus, ohne sich anzustrengen. Nach einer für Sie stimmigen Weile legen Sie ihre Hände auf Ihre Ohren. Die eintretende Stille wirkt beruhigend. Lauschen Sie Ihrem hörbaren Atem. Legen Sie nun Ihre Hände auf jene Stellen Ihres Körpers, denen Sie etwas Gutes zukommen lassen wollen. Sie können Ihre Hände jederzeit durch Aneinanderreiben wieder aufwärmen. Genießen Sie die wohltuenden Berührungen so lange, wie es Ihnen gefällt und guttut. Selbst wenn Sie morgens nur eine Minute Zeit haben und sich beispielsweise nur die Ohren zuhalten, können Sie einen Moment Stille genießen.

Der Trotzige

> *Viele denken,*
> *sie sind frei,*
> *weil sie machen können,*
> *was sie wollen,*
> *und merken doch nicht,*
> *dass sie*
> *ihre Diktatur in sich tragen.*
>
> *Ernesto Cardenal*

Die **einschneidende Kindheitserfahrung**, die den Trotzigen prägt, handelt von Einmischung und Fremdbestimmung und dem damit verbundenen **Mangel** an Respekt und Freiraum.

Es geht um das **Grundrecht** auf Selbstbestimmung durch Abgrenzung. Der **Zeitraum der Prägung** erstreckt sich von eineinhalb Jahren bis zum dritten Lebensjahr.

Die **Grunderfahrung**, in dem Wunsch nach Abgrenzung und einem eigenen Willen nicht respektiert zu werden, hat seine Ursache in einer überbesorgten und zugleich autoritär-dominanten Mutter, die ihrem Kind den Freiraum, die Welt auf eigene Faust zu entdecken, nicht gewährt und ihm auch das Recht auf Rückzug und Privatsphäre verwehrt.

Die Mutter eines Trotzigen ist selbst sehr bedürftig und bindet zur Befriedigung ihrer Wünsche ihr Kind eng an sich. Der Trotzige fühlt sich angesichts der Bedürftigkeit seiner Mutter außerstande, sich ihr direkt zu verweigern. Er erfüllt ihre Wünsche und Vorgaben und gibt sich nach außen freundlich und angepasst. Innen staut sich der Ärger über die erlittene Fremdbestimmung und Unfreiheit. Diesen Ärger drückt der Trotzige in einem indirekten, stummen Nein aus. Er entzieht sich dem Einfluss der Mutter durch beharrliches Aussitzen und Heimlichkeiten.

Die Mutter wiederum reagiert auf die Verweigerung ihres Kindes, sich ihren Vorgaben anzupassen, mit Liebesentzug. Essen wird von der Mutter zugleich als Belohnungs- und Bestrafungsinstrument eingesetzt. In der Folge wird das Kind übergewichtig, die Mutter entzieht dem Kind das Essen, das Kind reagiert mit Trotz, isst heimlich und wird noch dicker und unbeweglicher.

Die als Kind erlebte Fremdbestimmung manifestiert sich beim erwachsenen Trotzigen auf der körperlichen Ebene durch anhaltendes Übergewicht. Es schränkt den Trotzigen ein, verhindert seine Teilnahme an vielen Aktivitäten. Dennoch sabotiert sich der Trotzige auf der mentalen Ebene selbst, indem er jeden seiner Versuche, eine Veränderung herbeizuführen, selbst unterläuft. Eine erfolgreich durchgeführte Gewichtsreduktion empfindet der Trotzige nicht als Erfolg, sondern als Niederlage gegenüber der Mutter. Auch als Erwachsener bleibt es sein Hauptanliegen, der Mutter zu beweisen, dass es ihr niemals gelingen wird, ihm ihre Vorstellung überzustülpen. Der Trotzige erlebt jeden noch so hilfreichen, gut gemeinten Verbesserungsvorschlag, sei er von einer Freundin oder aus einer Illustrierten, als abermalige Bevormundung und Einmischung.

Die **Lebensaufgabe als Erwachsener** besteht für den Trotzigen darin, die Sehnsucht nach Nähe mit dem Wunsch nach Freiheit in Einklang zu bringen.

Die **Grundannahmen**, die der Trotzige aus der Erfahrung von Fremdbestimmung ableitet, lauten:

- Ohne mich
- Ich bin nicht frei zu tun, was ich möchte
- Ich bin ein schlechter Mensch
- Ich mache immer alles falsch
- Es ist nicht in Ordnung, wütend zu sein
- Das Leben ist eine Strafe

Diese Grundannahmen entsprechen den Attacken des **inneren Erzfeindes** und untermauern die Angst des Trotzigen vor Ablehnung,
wenn er eigene Wünsche formuliert.

Den Trotzigen beruhigen die folgenden **wohltuenden Botschaften:**

- Du bist frei, zu tun, was immer du möchtest
- Ich respektiere deine Grenzen
- Ich bin dir nicht böse, wenn du Nein sagst
- Ich mag dich, auch wenn du ärgerlich bist

Der Trotzige ist insgeheim stolz auf seine enorme Widerstands- und
Leidensfähigkeit. *Ich fresse alles in mich hinein, also biete ich nach außen
keine Angriffsfläche* ist die **Überlebensstrategie** des Trotzigen. Er wählt
die heimliche **Rebellion.**

Der **Körperbau** eines Trotzigen ist rundlich. Die fordernde Mutter wird
körperlich als steter Druck gegen den oberen Rücken erlebt. Er wehrt
sich gegen diesen Druck, indem er den Rücken anspannt und leicht
nach hinten drückt. Der Po ist zusammengekniffen und eher flach.
Die Taille ist wenig ausgebildet. Der Kopf ist eingequetscht zwischen
einem gestauchten Hals, einem sich daraus ergebenden Doppelkinn

und leicht hochgezogenen Schultern. Er tut sich schwer, den Kopf zur rechten oder linken Seite zu drehen, was seine verneinende Haltung unterstreicht.

Sein Gesichtsausdruck wirkt freundlich, der Augenausdruck unsicher. Lippen und Augen sind leicht zusammengekniffen. Die Kiefermuskulatur ist sehr angespannt, die Stimme ist freundlich und verhalten.

Das **Atemmuster** des Trotzigen ist sehr gepresst, wie bei jemandem, der großen Ärger verspürt, diesen aber unterdrücken muss.

Das **Essverhalten** des Trotzigen geht mit erheblichem Übergewicht einher. Der dicke Panzer, der dabei entsteht, hilft dem Trotzigen, sich körperlich gegen eine erneute Vereinnahmung zu wehren.

Wer das **Lebensgefühl** eines Trotzigen erspüren möchte, um sich besser einfühlen zu können, muss sich mit versteiftem Rücken und zusammengezogenen Pobacken hinstellen, die Schultern anheben und zugleich den Kopf senken. Dann muss man ärgerlich die Augen zusammenkneifen, die Lippen aufeinanderpressen und dabei freundlich lächeln.

Die **emotionale Wirkung** auf andere besteht beim Trotzigen darin, dass er im Gegenüber Ärger auslöst.

Ein **prominentes Beispiel** für einen Trotzigen ist Ottfried Fischer in seiner Rolle als „Bulle von Tölz". Hier mimt er einen Trotzigen, der stets freundlich gegenüber seiner dominanten, sich ständig einmischenden Mutter ist, während er letztendlich genau das Gegenteil von dem macht, was sie ihm nahelegt.

Partnerschaft ist beim Trotzigen geprägt von dem Konflikt zwischen der Sehnsucht nach Nähe und Harmonie und dem Bedürfnis nach

Selbstbestimmung. Ein Trotziger glaubt sich vor die Wahl gestellt, sich anpassen zu müssen, um geliebt zu werden, oder für die eigene Freiheit den Preis des Alleinseins zahlen zu müssen. Trotzige lassen sich von ihren Partnern viel gefallen und verharren überdurchschnittlich lange in einer Beziehung, auch wenn sie sich eingeschränkt fühlen.

Der Trotzige braucht einen Partner, der ihn einlädt, seine Wut auszudrücken, selbst wenn dies unbeholfen wirkt. Er bedarf eines Partners, der ihm viel Entscheidungsfreiraum für eigene Wege gewährt.

Das **Fallbeispiel aus meiner Praxis** handelt von einer Frau Ende vierzig, die mich aufsuchte, um die Ursachen für ihr gestörtes Essverhalten zu erforschen. Sie hatte in den Monaten zuvor stark an Gewicht verloren. Die neue Leichtigkeit und das Erfolgsgefühl verliehen ihr den Mut, ihr Leben einer kritischen Prüfung zu unterziehen.

Ihre Mutter hatte sich von klein auf in ihr Leben eingemischt und tat es nach wie vor. In den dreißiger Jahren des letzten Jahrhunderts als uneheliches Kind geboren, war die Mutter von dem Wunsch beherrscht, alles möge in Ordnung sein. Ihre vermeintliche Fürsorge erlebte meine Klientin als Einmischung und andauernde Bevormundung. So freute sich die ebenfalls übergewichtige Mutter zwar über den Gewichtsverlust ihrer Tochter, hielt ihr aber sogleich vor, dass sie in Zukunft nicht mehr zwischendurch naschen dürfe, da das immer ihr Fehler sei.

In ihrer Ehe fühlte meine Klientin sich vernachlässigt, mied aber jede Auseinandersetzung mit ihrem Mann wie mit ihrer Mutter. Sie sagte mir: *Ich weiß nicht, ob ich jemals auf meine Mutter wütend war. Ich kann nicht Nein sagen, ich bin zu nett, ich fühle mich wie eine Müllhalde, auf der sich alles angesammelt hat. Ich habe eben alles geschluckt.*

Die Zusammenarbeit mit mir gab ihr die Gelegenheit, ihre berechtigte Wut gegenüber ihrer Mutter und ihrem Mann zuzulassen. In der Folge trennte sie sich von ihrem Mann und genoss die Freiheit, ihr Leben so fühlen zu können, wie sie es sich wünschte. Es fällt ihr bis heute schwer, sich von ihrer Mutter abzugrenzen. Die Angst, ihre Liebe zu verlieren, wiegt schwer. Doch sie hat schon einige wichtige Schritte auf dem Weg zu mehr Selbständigkeit vollzogen.

Alle Übungen, die darin unterstützen, die unterdrückte Wut gegenüber der Mutter zum Ausdruck zu bringen, helfen dem Trotzigen aus seiner körperlichen Enge. Es gilt zu klären, ob das Maß an Abgrenzung gegenüber der Mutter und anderen nahestehenden Menschen im realen, erwachsenen Leben ausreichend ist. Das kann bedeuten, für das Recht auf ein freies Wochenende einzutreten, die Verpflichtung, sich mindestens einmal am Tag zu melden, aufzukündigen. Abgrenzung kann auch bedeuten, sich zu erlauben, alleine zu verreisen, der Mutter den Schlüssel für die Wohnung wieder abzunehmen, den Anspruch auf ein eigenes Zimmer dem Partner gegenüber zu vertreten. Freiheit bedeutet für den Trotzigen auch, seiner Mutter und anderen Menschen unmissverständlich die eigene Meinung zu sagen.

Das besondere **Potential** des Trotzigen beruht auf seiner Ausdauer. Ein Trotziger ist ein Freund fürs Leben, mit dem man alle Höhen und vor allem auch Tiefen durchschreiten kann. Trotzige schenken Sicherheit und Geborgenheit. Sie sind liebevoll, anteilnehmend, feinfühlig und warmherzig. Sie verfügen über einen wundervollen Humor und die seltene Gabe, über sich selbst herzlich lachen zu können.

Geeignete Berufe sind Karikaturist, Archivar, Kriminal-Profiler, Fluglotse, Rettungssanitäter, Gewerkschafter.

Übung: Geh von meinem Rücken runter!

Diese Körperübung eignet sich für alle Menschen, die sich von einem Anderen unter Druck gesetzt fühlen. Sie hilft dem Trotzigen, seinen berechtigten Ärger auszudrücken und sich abzugrenzen.

Sorgen Sie dafür, dass Sie für etwa zwei Minuten ungestört sind und niemand Sie hören kann. Wählen Sie gedanklich einen Menschen aus, der Sie in der Vergangenheit oder aktuell sehr bedrängt, ärgert oder Sie unter Druck setzt. Stellen Sie sich aufrecht hin mit lockeren Knien und einer entspannten Nackenmuskulatur. Atmen Sie tief ein und aus und malen Sie sich aus, die von Ihnen gewählte Person säße Ihnen im Nacken. Formen Sie nun Ihre Hände zu Fäusten, heben Sie Ihre Arme auf Brustkorbhöhe, so dass sich Ihre beiden Fäuste vor Ihrem Brustkorb befinden. Schlagen Sie dann mit geöffneten Augen Ihre Ellenbogen mit ganzer Kraft ruckartig nach hinten, als wollten Sie die gedachte Person in Ihrem Rücken vertreiben. Gehen Sie rhythmisch vor, indem Sie für jedes Wort beziehungsweise jede Silbe einen Schlag nach hinten vollführen: Geh – von – mei – nem – Rü – cken – run – ter. Wiederholen Sie diesen Satz so oft, bis Sie sich gestärkt und befreit fühlen.

Der Machtbewusste

> *Die Wurzeln*
> *erzählen den Zweigen nicht,*
> *was sie denken.*
>
> *Aus dem Kongo*

Die **einschneidende Kindheitserfahrung**, die den Machtbewussten prägt, handelt von Ohnmacht und dem damit verbundenen **Mangel** an Vertrauen und Achtung.

Es geht um das **Grundrecht auf** die eigene Würde. Der **Zeitraum der Prägung** erstreckt sich von zweieinhalb Lebensjahren bis zum vierten Lebensjahr.

Die **Grunderfahrung**, der Willkür der Eltern ausgeliefert zu sein, kann auf unterschiedliche Beweggründe der Eltern zurückgeführt werden. Das Kind wird zum Beispiel als Waffe gegen den Partner eingesetzt, um sich an ihm zu rächen oder ihn eifersüchtig zu machen. Vater oder Mutter wollen die Sinnlosigkeit und Leere ihres Lebens durch das Kind füllen. Das Kind wird dazu getrieben, in Sport oder Beruf erfolgreich zu werden, um den Status der Eltern zu erhöhen. Die elterliche Manipulation kann unterschwellig oder offensichtlich sexuellen Charakter haben. Es entsteht ein Dreiecksverhältnis zwischen Vater, Mutter und Kind, in dem das Kind mit dem gleichgeschlechtlichen Elternteil in einen Konkurrenzkampf tritt.

Ein Kind, dessen Verhältnis zu seinen Eltern von Ohnmacht geprägt ist, setzt sich über seine eigenen Gefühle und Bedürfnisse hinweg, um die Liebe der Eltern zu sichern.

Als Erwachsener übt der Machtbewusste die Kontrolle aus. Er geht mit sich und anderen hart und mitleidlos um. Der Machtbewusste hat ein nur schwach ausgebildetes Unrechtsbewusstsein, die allgemein gültigen Regeln, die jede Gemeinschaft braucht, werden von ihm nur dann akzeptiert, wenn sie ihm zum Vorteil gereichen. Er gibt sich eigensinnig und widersprüchlich. Seine massiven Grenzüberschreitungen erachtet der Machtbewusste als angemessen.

Die **Lebensaufgabe als Erwachsener** besteht für den Machtbewussten darin, sich nicht über andere zu stellen.

Der Machtbewusste leitet aus der Grunderfahrung von Ohnmacht und Herabsetzung folgende **Grundannahmen ab**:

- Zwei Könige im Raum sind einer zu viel
- Ich bin stärker als du
- Ich habe alles unter Kontrolle
- Du hast keine Chance
- Du darfst mir nahe sein, solange du zu mir aufschaust
- Es ist alles eine Frage des Willens
- Du durchschaust mich nicht
- Vertrauen ist gut, Kontrolle ist besser
- Ich gebe niemals auf

Diese Grundannahmen entsprechen den Attacken des **inneren Erzfeindes** und zementieren seine Angst vor Kontrollverlust und seine Einsamkeit.

Den Machtbewussten entwaffnen die folgenden **wohltuenden Botschaften:**

- Ich will dich nicht vernichten
- Ich achte dich
- Du kannst deine Wünsche und Bedürfnisse direkt benennen, niemand wird das gegen dich verwenden

Der Machtbewusste fürchtet, erneut von einem Menschen dominiert zu werden. Er schützt sich, indem er andere beherrscht. *Ich bestimme, also habe ich alles unter Kontrolle* erweist sich als die **Überlebensstrategie** des Machtbewussten. Er wählt die offene **Rebellion**.

Der **Körperbau** eines Machtbewussten hat die Form eines auf der Spitze stehenden Dreiecks. Als körperlicher Ausdruck seiner Macht und Dominanz plustert der Machtbewusste seinen Oberkörper auf, während der Unterkörper und die Beine nur schwach ausgebildet sind. Der Machtbewusste steht auf wackligen Füßen, sein Gang wirkt dennoch resolut. Der Kopf sitzt relativ starr auf dem Oberkörper.

Der **Blick** ist durchdringend und beherrschend. Ein Machtbewusster unterwirft sein Gegenüber durch beharrliches Anblicken. Die Stimme ist gut hörbar und von dunklem Timbre.

Der Machtbewusste hat ein **Atemmuster**, das die Betonung auf das Einatmen legt, um seinen Brustkorb aufzublähen.

Das **Essverhalten** des Machtbewussten hat Übergewicht zur Folge. Nur empfindet ein Machtbewusster seine Leibesfülle nicht als beschämend wie der Trotzige. Er ist eher stolz darauf, weil es seine Dominanz unterstreicht.

Wer das **Lebensgefühl** eines Machtbewussten nachempfinden möchte, um sich besser einfühlen zu können, muss sich aufrecht hinstellen, die Füße eng aneinander, tief einatmen und sich im Oberkörper aufblähen. Dann muss man die Hande seitlich in der Taille abstützen, einen grimmig-entschlossenen Gesichtsausdruck einnehmen und sich im Raum umschauen als sei man John Wayne, der prüft, ob hinter irgendeiner Ecke ein Bandit lauert.

Die **emotionale Wirkung** auf andere erzeugt beim Gegenüber eine Mischung aus Furcht, Respekt und Bewunderung.

Es gibt viele **prominente Beispiele** für Machtbewusste, da sich Machtbewusste hervortun wollen und gern in der Öffentlichkeit stehen. Oliver Kahn war in seiner aktiven Zeit als Torwart bereit, ungewöhnlich intensiv zu trainieren, um die Fähigkeit zu erlangen, den Ball in nahezu jeder Situation unter Kontrolle bringen zu können. Sein Anspruch, das Feld zu beherrschen, äußerte sich in zum Teil übergriffigen Handlungen gegnerischen Spielern gegenüber und in seiner Rolle als Motivator und Anheizer der Mannschaft. Zugleich wirkte er auf die meisten seiner Spielkameraden unnahbar und sehr zurückgezogen.

Partnerschaft ist für den Machtbewussten ein schwieriges Kapitel. Er erlebt Öffnung und Hingabe einem geliebten Menschen gegenüber als Bedrohung und hat Angst, die Kontrolle zu verlieren. Einen Partner als ebenbürtig zu akzeptieren, fällt ihm schwer.

Der Machtbewusste braucht einen Partner, der sich abgrenzen kann und eine Trennung in Kauf nimmt, wenn der Machtbewusste ihm seinen Willen aufzwingen will. Der Partner eines Machtbewussten muss loyal sein. Nur so kann der Machtbewusste Vertrauen aufbauen. Ein Machtbewusster muss lernen, Kompromisse einzugehen, sich zurückzunehmen und die Grenzen und Wünsche seines Partners zu respektieren. Er muss den Partner ernst nehmen und ihm seine Würde lassen.

Für den Machtbewussten ist es wichtig, die Schattenseite seiner Dominanz kennenzulernen. Er erlebt seine Macht als vorteilhaft und blendet die Anstrengung und innere Einsamkeit aus.

Erst eine Lebenskrise bewegt einen Machtbewussten, sich therapeutischen Beistand zu suchen. Die Bereitschaft, sich seine Ängste, seine Einsamkeit und Überforderung anzuschauen, eröffnet ihm die Chance, sich und anderen seine Bedürftigkeit einzugestehen und Dankbarkeit zu empfinden.

Das **Fallbeispiel aus der Praxis** handelt von einer beruflich sehr erfolgreichen Frau Anfang vierzig, die seit zwanzig Jahren verheiratet und Mutter einer neunjährigen Tochter ist. Sie suchte mich auf, nachdem ihr Mann eine andere Frau kennengelernt hatte, die er sehr anziehend fand. Sie war voller Zorn auf ihren Mann. Es dauerte Monate, bis sie sich ihre tiefe Angst, von ihm verlassen zu werden, eingestehen konnte. Ihre Teilnahme an einem meiner Seminare empfand sie als bewusst gewählte Kapitulation vor ihrem Stolz.

Sie wählte eine Familienaufstellung, um sich emotional vor Augen zu führen, wie hoch der Preis für ihre Herrschsucht war und ist.

Das Konzept der systemischen Familienaufstellungen geht davon aus, dass jedes Familienmitglied im förderlichen wie hemmenden Sinne Einfluss auf das Verhalten aller anderen Familienmitglieder hat. Die persönliche Anwesenheit aller Familienmitglieder ist weder immer möglich noch in jedem Fall wünschenswert. Bei Familienaufstellungen repräsentieren anwesende Gruppenteilnehmer die Familienmitglieder des Klienten. Dabei weist der Klient jedem der Stellvertreter seiner

Familie einen Platz im Raum zu und lässt ihn in eine bestimmte Richtung des Raumes schauen. Die Stellvertreter bekommen durch die Dynamik der aufgestellten Familienstruktur Einblick in die Gefühle und Überzeugungen der jeweiligen Familienmitglieder und helfen dem Therapeuten durch ihre Rückmeldungen, neue Wege im Umgang miteinander zu erforschen.

Ziel systemischer Familienaufstellungen ist es, familiäre Schwierigkeiten zu erkennen, indem man sie inszeniert, und sie zu lösen, indem die zugrundeliegenden Familienstrukturen durch Interventionen des Therapeuten verändert werden.

Meiner Klientin gab die Familienaufstellung die Möglichkeit zu sehen, dass die Dynamik ihrer Herkunftsfamilie sie zu einer verbissenen Kämpferin gemacht hat. Sie verstand, warum es ihr schwerfällt, ihrem Mann und ihrer Tochter ihre Liebe offen zu zeigen. Sie nahm die Möglichkeit wahr, ihre nicht anwesende Tochter mit Hilfe der Stellvertreterin in den Arm zu nehmen. Sie konnte fühlen, wie groß die Sehnsucht ihrer Tochter nach Nähe mit der Mutter ist.

Das besondere **Potential** des Machtbewussten ist seine Führungsstärke, er kann andere motivieren und mitreißen. Er ist willensstark, redegewandt, überzeugend, direkt, durchsetzungsfähig und hat den Mut, unbequeme Wahrheiten auszusprechen. Wenn er sein Machtpotential im positiven Sinn ausübt, behält er den Überblick, strahlt er Schutz, Loyalität und Vertrauenswürdigkeit aus.

Geeignete Berufe für einen emanzipierten Machtbewussten sind Unternehmer, Politiker, Manager, Bodyguard, Türsteher, Richter, Staatsanwalt, Polizist oder Boxer.

Übung: Geborgenheit erfahren

Die Besinnung auf Kräfte, die außerhalb von uns wirken und größer sind als wir selbst, entlastet uns und schützt uns vor Überverantwortung. Sie hilft dem Machtbewussten, Vertrauen ins Leben zu gewinnen.

Manche nennen diese Kräfte Gott oder ihren persönlichen Schutzengel. Manchen fällt es schwer, ein Wort für das große Du zu finden, weil es für jeden Menschen eine andere Bedeutung hat.

Wählen Sie aus Ihrem Fundus vier Musikstücke aus, die beruhigend auf Sie wirken und eine friedvolle Stimmung in Ihnen auslösen. Wählen Sie für jede der folgenden vier Botschaften in der genannten Reihenfolge ein Musikstück beliebiger Länge.

Ich fühle, dass Du mich hältst.
Ich fühle, dass Du mich fühlst.
Ich fühle, dass Du mich liebst.
Ich fühle, dass Du mich bewegst.

Kopieren Sie Ihre vier Musikstücke hintereinander auf eine CD. Sie können sie dann nach Belieben, beispielsweise im Auto auf dem Weg zur Arbeit, hören und auf sich wirken lassen. Vergegenwärtigen Sie sich zu Beginn jedes Stückes die Botschaft, die mit der Musik in Verbindung steht. Bringen Sie beim letzten Stück Ihren Körper in Bewegung, wahlweise durch sanftes Schwingen oder indem Sie aufstehen. Atmen Sie die ganze Zeit entspannt ein und aus. Mehr gibt es nicht zu tun.

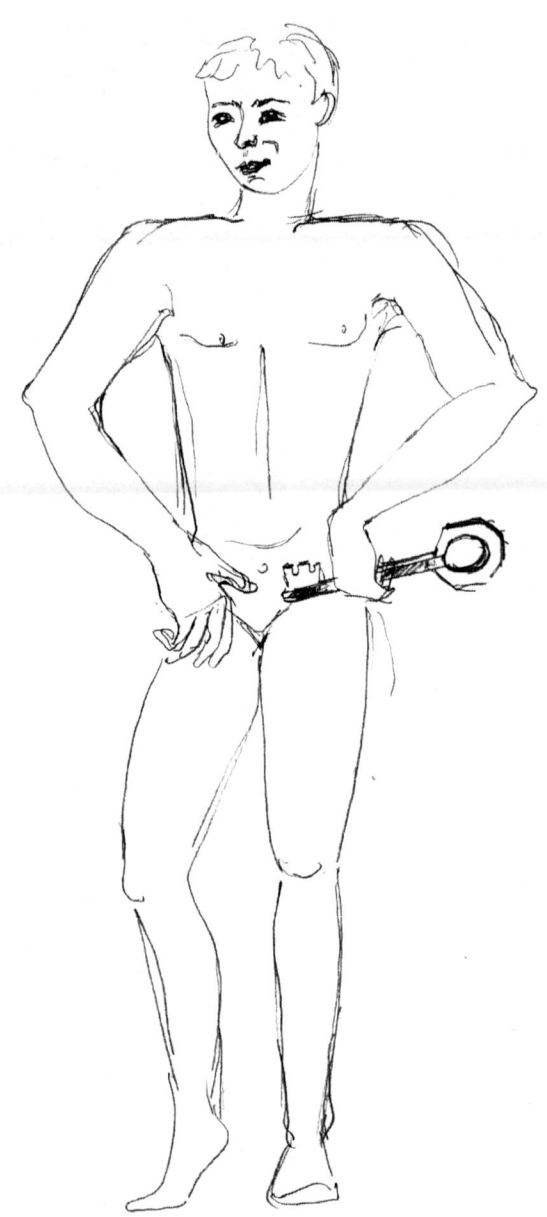

Der Verführer

Wer keine Liebe fühlt,
muss schmeicheln lernen,
sonst kommt er nicht aus.

Johann W. von Goethe

Die **einschneidende Kindheitserfahrung,** die den Verführer prägt, handelt von Täuschung und dem damit verbundenen **Mangel** an Klarheit und Aufrichtigkeit.

Es geht um das **Grundrecht,** um seiner selbst willen geliebt zu werden. Der **Zeitraum der Prägung** erstreckt sich von zweieinhalb Lebensjahren bis zum vierten Lebensjahr.

Die **Grunderfahrung** des Verführers ist analog der Grunderfahrung des Machtbewussten, nur dass der Verführer auf die erfahrene Manipulation durch die Mutter oder den Vater nicht mit Dominanz und Herrschsucht reagiert, sondern mit scheinbarer Unterwerfung. Er spielt seine Eltern geschickt gegeneinander aus. Er schenkt ihnen genau das, was sie sich ersehnen, damit sie ihrerseits genau das tun, was er will. Er schneidet sich von seinen wahren Gefühlen und Bedürfnissen ab.

Als Erwachsener sichert der Verführer seinen Einfluss auf andere Menschen, indem er sich sanft, zuvorkommend, höflich, charmant, umgänglich und kooperativ gibt. Unter der Oberfläche regieren Eigennutz und Unnahbarkeit.

Die **Lebensaufgabe als Erwachsener** besteht für den Verführer darin, für andere Menschen zugänglich und verbindlich zu sein.

Der Verführer leitet aus der Grunderfahrung von Täuschung und Verwirrung folgende **Grundannahmen ab**:

- Du kriegst mich nicht
- Ich habe alles unter Kontrolle
- Ich kriege euch alle
- Ich habe, was du begehrst
- Ich kann alle(s) haben, wenn ich will
- Du durchschaust mich nicht

Diese Grundannahmen entsprechen den Attacken des **inneren Erzfeindes** und verstärken die Angst des Verführers, erneut irregeführt zu werden.

Wie der Machtbewusste wird der Verführer von seinem inneren Erzfeind erhöht. Dieser bestärkt den Verführer in seinem Glauben, unwiderstehlich, außergewöhnlich und etwas ganz Besonderes zu sein. Der Preis für die Schmeicheleien seines inneren Erzfeindes liegt in der Anstrengung, Everybody's Darling sein zu müssen.

Den Verführer entspannen die folgenden **wohltuenden Botschaften**:

- Ich will nichts von dir
- Du kannst mir vertrauen
- Ich mag dich, auch wenn du nicht um mich wirbst

Der Verführer fürchtet, erneut getäuscht zu werden. Er schützt sich, indem er sein Herz verschließt, scheinbar die Spielregeln der anderen akzeptiert, um sie in Wirklichkeit für seine eigenen Interessen zu missbrauchen. *Ich manipuliere dich, bevor du mich manipulieren kannst* erweist sich als die **Überlebensstrategie** des Verführers. Er wählt die vorgetäuschte **Anpassung.**

Der **Körperbau** eines Verführers ähnelt dem Körperbau des Machtbewussten, nur ist die Statur regelmäßiger. Der Oberkörper ist nicht ganz so aufgebläht, das Becken und die Beine sind kräftiger. Der Rücken ist flexibler. Der Verführer bewegt sich geschmeidig, tänzerisch. Der Körper erscheint oberflächlich weich. Das soll Bedürftigkeit und Sinnlichkeit vortäuschen. Unter der Oberfläche ist die Muskulatur sehr verspannt.

Der relativ starre Kopf und seine ebenmäßigen Gesichtszüge lassen ihn stets freundlich erscheinen. Ein Verführer wirkt nie erschöpft, angestrengt oder unzufrieden, was ihn rasch unnatürlich wirken lässt. Die Stimme ist angenehm weich, einschmeichelnd, mit sanftem Tonfall. Der Verführer sucht den Blickkontakt, sein Blick ist lockend und verheißungsvoll.

Mit seiner flachen **Atmung** versucht der Verführer seine Gefühle unter Kontrolle zu halten. Zugleich atmet er sehr regelmäßig, um den Eindruck zu erwecken, er sei entspannt und in der Balance.

Das **Essverhalten** des Verführers ist sehr diszipliniert, er hält nach Möglichkeit sein Idealgewicht, um seine Attraktivität zu unterstreichen.

Wer sich dem **Lebensgefühl** eines Verführers annähern möchte, um sich besser einfühlen zu können, muss sich tänzelnd durch den Raum bewegen, als sei man ein Model auf dem Laufsteg. Währenddessen muss man sich vorstellen, man sei umwerfend attraktiv, unwiderstehlich und sehr sexy. Die Augen müssen leuchten, das ganze Gesicht muss strahlen.

Die **emotionale Wirkung** auf andere besteht darin, dass das Gegenüber sich angesprochen, umschmeichelt, hofiert und angezogen fühlt.

Ein **prominentes Beispiel** für den Verführer ist Diana, die tödlich verunglückte Herzogin von Wales. Sie verstand es, die Medien für ihre Interessen einzuspannen und zugleich als Opfer der Boulevardpresse zu gelten. Der Schauspieler Hugh Grant spielt die Rolle des unwiderstehlichen Verführers in den meisten seiner Filmrollen.

Partnerschaft ist auch für den Verführer ein schwieriges Kapitel. Zu Beginn eines Kontaktes wirkt ein Verführer sehr nahbar, da er die erfolgreiche Eroberung im Sinn hat. Sobald er sein Ziel erreicht hat, wendet er sich einer neuen Eroberung zu. Sich einem anderen Menschen zu öffnen, echte Gefühle zuzulassen, sich anzuvertrauen fällt dem Verführer sehr schwer, da er sich der Gefahr ausgesetzt fühlt, von einem Partner getäuscht und für dessen Interessen vereinnahmt zu werden.

Der Verführer braucht einen Partner, der zwischen Spiel und Wahrheit unterscheiden kann. Der Partner darf sich von den Schmeicheleien und Versprechungen des Verführers nicht beeindrucken lassen. Er muss dem Verführer klare Grenzen setzen, was tolerabel ist und was nicht. Der Partner eines Verführers muss eine Trennung in Kauf nehmen, wenn der Verführer die gesetzten Grenzen nicht respektiert. Der Verführer muss lernen, seinem Partner treu zu sein. Er kommt erst zur Ruhe, wenn er sich für den Wunsch öffnet, in einer Partnerschaft anzukommen und Verantwortung zu übernehmen.

Das **Fallbeispiel aus meiner Praxis** handelt von der Konfrontation mit einem Verführer in einer meiner ersten Gruppen. Ich leitete eine Übung mit der Maßgabe, dass jeder den für ihn richtigen Zeitpunkt für die Übung wählen sollte. Der jungenhaft wirkende Mann Ende zwanzig wollte nicht Gleicher unter Gleichen sein und nutzte meine Ansage, um mich vorzuführen. Er ließ mich und die Gruppe endlos warten. Sein Gesichtsausdruck war nicht ärgerlich-trotzig, sondern geheimnisvoll. Er machte den Eindruck, als würde er tief in sich hineinhorchen, als würde er um den für ihn richtigen Zeitpunkt ringen. Ich brauchte eine Weile, um sein Spiel zu durchschauen, das Zepter wieder in die Hand zu nehmen und ihm ein Ultimatum zu stellen.

Der Verführer muss verstehen, dass seine Verführungskünste nichts mit seinen wirklichen Qualitäten zu tun haben, sondern Strategien sind, um sich vor Manipulation zu schützen. Das manipulative Verhalten ist so verinnerlicht, dass es für einen Verführer erschütternd ist, das ganze Ausmaß seiner oft unbewussten Manipulationen zu sehen und anzuerkennen. Die manipulative Strategie des Verführers ist zudem in aller Regel so erfolgreich, dass es ihm lange Zeit schwerfällt, darauf zu verzichten. Es ist für ihn wichtig zu erkennen, wie unruhig, angestrengt und einsam ihn sein Verhalten macht und wie groß der Gewinn ist, wenn er sich traut, authentisch zu sein.

Das besondere **Potential** des Verführers ist seine Gabe, andere aus der Reserve zu locken. Ein Verführer kitzelt aus seinem Gegenüber das Beste heraus. Er stärkt andere in ihrem Selbstwertgefühl. In Gegenwart eines Verführers fühlt man sich gesehen. Er ist ein exzellenter Zuhörer und zugleich unterhaltsam. Er kann Inhalte sehr anschaulich und bildhaft vermitteln.

Geeignete Berufe für einen emanzipierten Verführer sind alle Tätigkeiten im Vertrieb und Außendienst wie Verkäufer oder Immobilien- und Versicherungsmakler. Verführer eignen sich als Lehrer, Talkmaster, Kellner oder Schauspieler.

Übung: Ein persönliches Mantra finden

Diese spirituelle Technik hilft, den Anfeindungen, Drohungen und Einflüsterungen des inneren Erzfeindes oder realer Personen Einhalt zu gebieten. Es unterstützt den Verführer, sich von Selbsttäuschungen und Manipulationen zu lösen.

Der Begriff Mantra kommt aus dem Sanskrit und bedeutet heiliger Spruch, Gebet oder Zauberformel, deren Wirkung sich auf stete Wiederholung stützt.

Sie können jede Botschaft formulieren, die Sie in Ihrem Leben stärkt, und durch regelmäßige Wiederholung als Mantra nutzen. Ich gebe Ihnen eine Reihe möglicher Botschaften an die Hand. Wählen Sie eine Botschaft aus, die Sie zurzeit besonders anspricht. Nehmen Sie sich die Freiheit, sie umzuformulieren oder zu kürzen und notieren Sie sie auf einem Zettel. Tragen Sie diesen Zettel so lange, beispielsweise im Portemonnaie, bei sich, wie sich die Botschaft wohltuend anfühlt. Wiederholen Sie im Stillen Ihr persönliches Mantra nach Belieben oft.

Es darf mir gut gehen, ich mache mich deswegen nicht schuldig
Ich brauche dich nicht, ich finde alles in mir, was ich brauche
Ich bin nicht egoistisch, wenn ich meine Rechte wahrnehme
Ich nehme mir Zeit, mein Anliegen zu prüfen
Ich sorge für mein inneres Kind, damit mein Erwachsener zu seinem Recht kommt
Ich kann dem Leben vertrauen
Ich bin frei, mich jederzeit neu zu entscheiden
Ich habe das Recht, mir Raum zu nehmen

Ich bin nicht verantwortlich für das Wohlergehen anderer, ich bin
für mein Wohlergehen verantwortlich
Ich kann mein Leben leben, ich muss auf niemanden warten
Ich bin nicht schlecht, weil ich … nicht helfen konnte
Speziell für den Verführer:
Ich habe weder die Macht und Kontrolle über das Leben anderer,
noch bin ich verantwortlich für deren Wohlergehen
Man hat mir als Kind vermittelt, ich könnte andere glücklich
machen oder gar heilen. Das ist eine Lüge, von der ich mich jetzt
bewusst löse

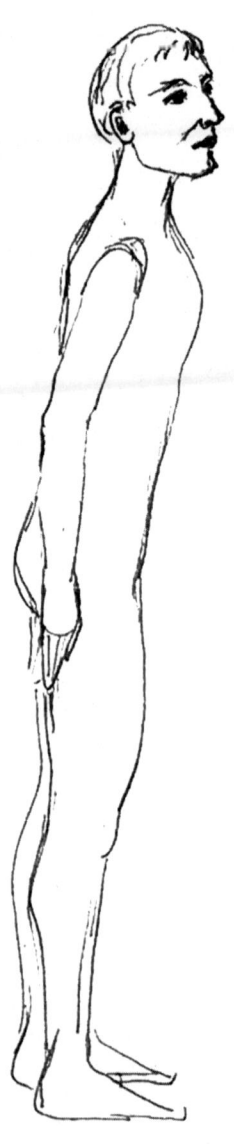

Der Angestrengte

Nicht was ich habe,
sondern was ich schaffe,
ist mein Reich.

Samuel Smiles

Die **einschneidende Kindheitserfahrung**, die den Angestrengten
prägt, handelt von einem hohen Erwartungs- und Leistungsdruck und
dem damit verbundenen **Mangel** an Verspieltheit und Kindsein.

Es geht um das **Grundrecht** auf Wertschätzung und Entspannung,
um die Befriedigung der eigenen Bedürfnisse ohne Leistungsnachweis.
Der **Zeitraum der Prägung** erstreckt sich von dreieinhalb Lebensjahren bis zum sechsten Lebensjahr.

In dieser Phase wird der Vater zur prägenden Figur für die Entwicklung eines Kindes. Die **Grunderfahrung**, für erbrachte Leistungen
vom Vater nur Desinteresse oder Enttäuschung zu ernten, prägt das
Leben des Angestrengten.

Handelt es sich um die Tochter, hat die fehlende Anerkennung des
Vaters zur Folge, dass Leistung zu einem bestimmenden Lebensthema
der Tochter wird. Handelt es sich um den Sohn, löst die Ignoranz
des Vaters zusätzlich zum Leistungsthema einen tiefgreifenden Vater-
Sohn-Konflikt aus. Ein Vater ist für seinen Sohn die maßgebliche
gleichgeschlechtliches Orientierungsfigur, das Vorbild, was es heißt,
ein Mann zu sein. Die verweigerte Anerkennung macht es dem Sohn
schwer, eine psychisch stabile Identität als Mann zu entwickeln.

Ein Vater, der auf die erbrachten Leistungen seines Kindes entweder mit überhöhten Ansprüchen reagiert oder das Kind mit seiner Ignoranz verletzt, überfordert sein Kind. Er lässt das Kind nicht das sein, was es ist: ein Kind.

Der Angestrengte übernimmt sehr früh Verantwortung und strengt sich enorm an, den Erwartungen des Vaters zu entsprechen. Er repariert Radios, liest Sachbücher, interessiert sich für die Hobbys des Vaters. Es kommt ihm nicht in den Sinn, vor sich hin zu träumen oder zu spielen, Sandburgen zu bauen, die das Meer wieder nimmt. Er will sichtbare Zeichen von Leistung erbringen, um die Liebe des Vaters zu gewinnen. Damit niemand merkt, wie verletzt, beschämt und traurig der Angestrengte über die ausbleibende Wertschätzung des Vaters ist, gibt er sich stolz und gleichgültig.

Die prägende Kindheitserfahrung eines Angestrengten kann sich auch um einen abwesenden Vater herum entwickeln. Fehlt der Vater, fehlt auch seine Anerkennung.

Der Angestrengte entspricht als Erwachsener einem Workaholic. Er arbeitet mindestens zehn Stunden am Tag, macht bereitwillig Überstunden und lässt seinen Urlaubsanspruch verfallen. Er geht den Dingen gewissenhaft auf den Grund, ist meist ernst und zeigt wenig Gefühl. Der Angestrengte sucht immer neue Herausforderungen und kann sich nur schwer entspannen, genießen oder sich hingeben. Er hält nur selten inne, hinterfragt seinen Weg nicht und zieht selten Bilanz. Er betrachtet das Leben als ein Problem, das es zu lösen gilt.

Die **Lebensaufgabe als Erwachsener** besteht für den Angestrengten darin, für Entspannung zu sorgen und Lebensfreude zuzulassen.

Der Angestrengte leitet aus der Grunderfahrung von Überforderung und Abwertung folgende **Grundannahmen** ab:

- Nur Leistung zählt
- Ich muss noch mehr tun
- Ich muss noch besser werden
- Es gibt immer etwas zu tun
- Ich muss aufpassen, sonst werde ich verletzt oder ausgenutzt
- Ich kann mich nicht entspannen
- Ich darf nicht nachgeben

Diese Grundannahmen entsprechen den Attacken des **inneren Erzfeindes** und verstärken so die Beschämung und Unzufriedenheit des Angestrengten.

Die folgenden **wohltuenden Botschaften** entspannen den Angestrengten:

- Du musst nichts leisten, um gemocht zu werden
- Du darfst dich zurücklehnen und entspannen
- Du hast dir eine Auszeit verdient

Der Angestrengte fürchtet Misserfolge und Versagen. Er schützt sich, indem er die an ihn gestellten Anforderungen über das geforderte Maß hinaus erfüllt. *Ich erbringe Leistung, also werde ich geachtet* erweist sich als die **Überlebensstrategie** des Angestrengten. Er wählt die übermäßige **Anpassung**.

Der **Körper** des Angestrengten ist wohlproportioniert mit einer gut ausgebildeten Muskulatur. Der Angestrengte nimmt eine kerzengerade Haltung ein. Der ablehnende Vater wird als Druck gegen den Brustkorb erlebt. Der Angestrengte schützt sich gegen diese imaginierte

Zurückweisung, indem er seinen Oberkörper leicht nach vorne lehnt und zugleich die Schultern nach hinten zieht. Dadurch spannt sich die Rückenmuskulatur an, was dem Angestrengten eine gewisse Steifheit verleiht. Das schmale Becken ist zuruckgeschoben, dadurch entsteht ein Hohlkreuz, der Po tritt stärker hervor. Die muskulöse Brust wirkt wie ein Panzer gegen Verletzungen, das Herz ist verschlossen. Den Kopf trägt der Angestrengte stolz erhoben, entsprechend steif ist seine Halsmuskulatur. Die Augen wirken traurig und verzweifelt.

Das **Atemmuster** des Angestrengten entspricht der Bauchatmung, die Brust bleibt hart und starr.

Das **Essverhalten** des Angestrengten geht mit Normalgewicht einher. Er findet kaum Zeit zum Essen.

Wer sich dem **Lebensgefühl** eines Angestrengten nähern möchte, um sich besser einfühlen zu können, muss sich kerzengerade hinstellen, die Schultern nach hinten ziehen, den Brustkorb versteifen, indem die Atmung angehalten wird, den Kopf stolz nach oben halten und in dieser angestrengten Haltung traurig und zugleich unnachgiebig nach vorne schauen.

Die **emotionale Wirkung** auf andere besteht beim Angestrengten darin, dass er im Gegenüber Leistungsdruck auslöst.

Ein **prominentes Beispiel** für einen Angestrengten ist Richard Gere in seiner Rolle als Edward Lewis in dem Film *Pretty Woman*. Edward ist ein Workaholic mit einem verschlossenen Herzen, der eine Prostituierte als Begleiterin vorzieht, nachdem er mit realen Frauen und ihren Gefühlen schlechte Erfahrungen gemacht hat. Er arbeitet rund um die Uhr und ist sehr erfolgreich. Der Vater hat ihn und seine Mutter früh verlassen. Als Erwachsener kauft er das Unternehmen seines gehassten

Vaters auf, zerstückelt es und verkauft die einzelnen Sparten gewinnbringend. Aus dem Mangel an väterlicher Wertschätzung wird Edward
sichtbar erlöst, als sein zukünftiger Geschäftspartner, ein älterer Herr,
ihm die Hand auf die Schulter legt und sagt: *Ich bin stolz auf Sie.*

In der **Partnerschaft** erlebt der Angestrengte oft eine Wiederholung
seines kindlichen Dramas. Er kann seine Liebe und Verbundenheit nur
indirekt ausdrücken. Die fehlende Anbindung an das eigene Gefühl
und sein Stolz machen es ihm unmöglich, seine Liebe in Worte zu
fassen, sich weich und anschmiegsam zu zeigen und sich über Gefühle
auszutauschen. So sehr er sich auch anstrengt, der Partner ist nicht
zufrieden. Ein Angestrengter ist zwar ein zuverlässiger, treusorgender
Partner, dem das Wohl seiner Familie über alles geht, doch er verbringt
nur wenig Zeit mit dem Partner.

Für den Angestrengten ist Entspannung besonders wichtig. Durch
Innehalten und Entspannung entsteht Raum, das Herz wieder zu öffnen und der tiefen Traurigkeit über die ausbleibende Wertschätzung
durch den Vater Ausdruck zu verleihen. Ein Angestrengter muss durch
Spiegelung ein Bewusstsein dafür entwickeln, wie viel er in seinem
Leben bereits geleistet hat, und seine Erfolge wertschätzen lernen. Er
muss sich fragen, was in seinem Leben außer seiner Arbeit Bedeutung
haben soll und gepflegt werden will. Andernfalls droht dem Angestrengten, dass er am Ende seines Lebens zwar sehr viel geschaffen hat,
jedoch feststellen muss, dass er nicht wirklich gelebt hat. Ein Angestrengter braucht Unterstützung, um in seinem Tagesablauf Nischen
für Entspannung und Genuss einzubauen.

Das **Fallbeispiel** aus meiner Praxis handelt von einem älteren Mann
Anfang sechzig, der sein Leben seiner Arbeit gewidmet hatte. Sein
Vater hatte ihm den Zugang zum elterlichen Unternehmen verwehrt.
Er hielt ihn für unfähig, die Geschäfte zu übernehmen. Seine Frau

trennte sich nach über dreißig Ehejahren von ihm, sein Sohn kannte seinen Vater kaum. Der Mann suchte mich auf, um den Verlust zu verarbeiten. Der rege Austausch und tägliche Meditationen unterstützten ihn, nach innen zu schauen und der tiefen Sehnsucht nach Leichtigkeit und Lebensfreude gewahr zu werden. Er verkaufte seine Firma, begab sich in den wohlverdienten Ruhestand und realisierte einen Lebenstraum. Er kaufte sich ein Segelboot und schipperte mit seinem Sohn über die Meere.

Das **Potential** des Angestrengten ist seine Leistungsbereitschaft und -fähigkeit. Er ist fleißig, zielstrebig, präzise, gut vorbereitet, aktiv und engagiert. Er kann gut analysieren und entdeckt den Teufel im Detail. Gleichzeit ist er grundehrlich, verbindlich und zuverlässig.

Geeignete Berufe für den Angestrengten sind Berufe, die Ausdauer und Gewissenhaftigkeit erfordern, wie Wissenschaftler, Techniker, Physiotherapeut, Pilot.

Übung: Naturschätze entdecken

Ein Spaziergang in der Natur, der einzig zum Ziel hat, die umgebende Natur bewusst wahrzunehmen und zu genießen, hilft uns, unsere alltäglichen Sorgen zu relativieren. Sich mit Natur zu verbinden unterstützt den Angestrengten, Vielfalt zu erleben, ohne eine Gegenleistung erbringen zu können oder zu müssen.

Wann immer das Wetter es zulässt, gehen Sie für einen Moment vor die Tür. Selbst ein kleiner Stadtpark lädt ein, dem Zwitschern der Vögel zu lauschen, das Spiel von Licht und Schatten zu beobachten, in die Vielfalt der Natur einzutauchen und das Wunder des Lebens gewahr zu werden. Lassen Sie Ihr Herz einen Gegenstand als Symbol für Selbstliebe finden. Das kann ein kleines Blatt sein, ein Stück Moos, ein Ast, ein Grashalm, eine Kastanie. Geben Sie Ihrem Fundstück daheim für eine gewisse Zeit einen schönen Platz, um sich täglich daran zu erinnern, dass der Kreislauf des Lebens sich stets vollendet.

Der Aufbauschende

Besänftige den Sturm,
der Dich bisher getrieben!
Man kann sehr ruhig sein
und doch sehr zärtlich lieben.

Johann W. von Goethe

Die **einschneidende Kindheitserfahrung**, die den Aufbauschenden prägt, handelt von Ignoranz und dem damit verbundenen **Mangel** an Interesse und Gehör.

Es geht um das **Grundrecht** auf Beachtung ohne Anstrengung. Der **Zeitraum der Prägung** erstreckt sich von dreieinhalb Lebensjahren bis zum sechsten Lebensjahr.

Die **Grunderfahrung** des Aufbauschenden entspricht der des Angestrengten, nur in diesem Fall reagiert das Kind auf die mangelnde Aufmerksamkeit des Vaters nicht mit Leistung. Der Aufbauschende sieht keine andere Möglichkeit, als mit theaterreifen Selbstinszenierungen die Liebe des Vaters zu gewinnen. Obwohl er kaum zu überhören oder zu übersehen ist, wird der Aufbauschende dennoch von seinem Vater ignoriert.

Die abweisende Spiegelung durch den Vater führt dazu, dass der Aufbauschende als Erwachsener das andere Geschlecht mit allen Raffinessen zu verführen sucht. Er entwickelt eine Sexualität, die nicht mit dem Herzen verbunden ist. Der Aufbauschende setzt Sexualität als Abwehrschild gegen Nähe ein, um der Gefahr, erneut zurückgewiesen zu werden, auszuweichen. Zugleich sichert ihm seine erotische Ausstrahlung die Aufmerksamkeit des Gegengeschlechts. Der Aufbauschende wirkt auch als Erwachsener kindlich. Er gibt sich unschuldig, romantisch, verspielt und verletzlich.

Die latente Sorge, keine Beachtung geschenkt zu bekommen, führt dazu, dass das Auftreten des Aufbauschenden exaltiert, schrill und laut ist. Er ist nur bedingt in der Lage, zuzuhören. Er neigt zu Übertreibungen und Superlativen. Die Dinge, von denen er spricht, sind gigantisch, erschütternd, unfassbar. Er hat auch wenig Gespür dafür, wann, wo und wie lange sein Gegenüber gewillt ist, ihm Aufmerksamkeit zu schenken. Er redet noch, wenn sich schon alle abgewandt haben. Der Aufbauschende ist derart aufgedreht, dass er gehetzt, nervös und unruhig wirkt. Stille und Schweigen wirken auf den Aufbauschenden bedrohlich.

Die **Lebensaufgabe als Erwachsener** besteht für den Aufbauschenden darin, Stille und emotionale Nüchternheit zuzulassen.

Aus der Grunderfahrung der Zurückweisung leitet der Aufbauschende folgende **Grundannahmen** ab:

- Ich muss noch origineller werden
- Ich interessiere keinen
- Ich werde nicht gesehen (gehört)
- Niemand versteht mich
- Ich zeige dir meine Liebe nicht, dann kannst du mich auch nicht verletzen

Diese Grundannahmen entsprechen den Attacken des **inneren Erzfeindes** und zementieren die Angst des Aufbauschenden vor Nichtbeachtung.

Den Aufbauschenden besänftigen die folgenden **wohltuenden Botschaften:**

- Ich sehe und höre dich
- Du brauchst nichts Besonderes zu sein
- Ich interessiere mich für dich

Der Aufbauschende hat Angst, übersehen und zurückgestoßen zu werden. Er schützt sich, indem er mit großem Aufwand dafür sorgt, Beachtung geschenkt zu bekommen. *Ich dramatisiere, also bin ich wichtig* ist die **Überlebensstrategie** des Aufbauschenden. Er wählt den Weg der **Anpassung.**

Der **Körperbau** des Aufbauschenden zeigt eine sichtbare Trennung von Ober- und Unterkörper. Während der Oberkörper mädchen- oder knabenhaft, zierlich und verletzlich wirkt, zeigt der Unterkörper sehr erwachsene Züge. Ein zarter Brustkorb, bei Frauen mit relativ wenig Busen einhergehend, und feingliedrige Arme sitzen auf einem runden, vollen Becken mit ausgeprägter Schambehaarung und schweren Beinen. Der Aufbauschende weckt im Gegenüber sowohl einen Beschützerinstinkt als auch erotische Phantasien. Insgesamt ergibt sich ein birnenförmiges Erscheinungsbild.

Auf einem steifen Hals sitzt ein hochgehaltener, stolzer Kopf. Die Augen sind weit aufgerissen und haben einen verzückten oder erschreckten Ausdruck. Der Kiefer ist angespannt. Die Stimme ist ausdrucksstark bis schrill, die Worte sprudeln nur so heraus.

Das **Atemmuster** spiegelt die andauernde Aufgeregtheit des Aufbauschenden wieder. Er atmet nicht vollständig aus.

Das **Essverhalten** des Aufbauschenden ist geprägt von seinem Wunsch nach Beachtung. Der Aufbauschende legt viel Wert auf sein Aussehen und somit auf sein Gewicht.

Wer sich dem **Lebensgefühl** eines Aufbauschenden nähern möchte, um sich besser einfühlen zu können, muss sein Becken verführerisch kreisen lassen und zugleich in gespielter Unschuld beide Hände vor der Brust kreuzen und dabei den Kopf so zur Seite legen, dass das Kinn die rechte Schulter berührt, und dabei mit großen Kulleraugen von unten nach links oben schauen.

Die **emotionale Wirkung** auf andere besteht bei dem Aufbauschenden darin, dass das Gegenüber hin- und hergerissen ist zwischen Interesse und erotischer Anziehung einerseits und Überflutung, gepaart mit dem Wunsch, sich abzuwenden, andererseits.

Paris Hilton und Victoria Beckham sind **prominente Beispiele** für Aufbauschende. Models, Schauspielerinnen und It-Girls passen heutzutage ihren Körper dem Idealbild überschlanker Frauen mit allen Mitteln so an, so dass das ursprüngliche Körperbild nur noch schwer erkennbar ist. Die Körperbilder der beiden genannten Frauen entsprechen daher nicht der birnenförmigen Erscheinung einer Aufbauschenden, ihre Fähigkeit nur mit sich als Produkt weltweit auf sich aufmerksam zu machen, setzt die Eigenschaften einer Aufbauschenden voraus.

In einer **Partnerschaft** ist der Aufbauschende auf der Suche nach dem Traumpartner, der ihm die Welt zu Füßen legt und nur Augen für ihn hat. In der Realität braucht er einen Partner, dem es durch viel Geduld und innere Ausgeglichenheit gelingt, mit dem verletzlichen Kind hinter der schrillen Fassade in Berührung zu kommen. Der Aufbauschende braucht viel Körperkontakt, um in Leben und Alltag verwurzelt zu bleiben. Der Aufbauschende muss lernen zu akzeptieren, dass der Partner nicht rund um die Uhr für ihn da sein kann und ein Rückzug keine Zurückweisung darstellt.

Stille gepaart mit Präsenz hilft einem Aufbauschenden, mehr mit sich in Kontakt zu kommen. Aufbauschende sind oft froh, wenn sie nach langer Zeit der Anstrengung, von anderen gesehen zu werden, nichts tun müssen, um dennoch wahrgenommen zu werden.

Meditation unterstützt den Aufbauschenden, bei sich zu bleiben und sich innerlich zu sammeln. Massagen, Berührungen an den Füßen, Yoga und Atemübungen mit der Betonung auf dem Ausatmen erden den Aufbauschenden und schenken ihm innere Ruhe.

Das **Fallbeispiel aus meiner Praxis** handelt von einer Frau Mitte dreißig, die an einem meiner HerzWerkzeuge-Seminare zum Thema Reichianische Charaktertheorie teilnahm. Um die einzelnen Lebensthemen in ihrer Unterschiedlichkeit sichtbar zu machen, bat ich jeweils die Teilnehmer, die als Kind eine ähnliche Prägung erfahren hatten, miteinander vor die Gruppe zu treten. Das Bild ist sehr hilfreich, um sich die Energie, die jedem Lebensthema innewohnt, nachhaltig einprägen zu können. Die jeweiligen Teilnehmer, die sich vor der Gruppe einfanden, sollten weder sprechen noch etwas tun. In dieser Gruppe war die genannte Frau die einzige Anwesende, deren kindliche Prägung überwiegend in der Zurückweisung durch den Vater bestanden hat. Sobald sie meine Bitte, die Bühne zu betreten, vernommen hatte, hüpfte sie nach vorne, tänzelte vor uns herum, redete wie ein Wasserfall, zog Grimassen, wechselte die Posen und machte uns auf diese Weise das Geschenk, die Wesenszüge der Aufbauschenden unvergesslich in Erinnerung behalten zu können.

Da der Aufbauschende sich für alles interessiert, was ihm hilft, bei anderen Aufmerksamkeit zu bekommen, besteht sein besonderes

Potential in seinem ausgeprägten Gespür für Trends, Stimmungen, Farben und Formen. Ein Aufbauschender versteht es, jedem Ereignis einen besonderen Anstrich zu geben. Er ist ein exzellenter Gastgeber und Unterhalter, in dessen Gegenwart man sich niemals langweilt.

Geeignete Berufe sind Modedesigner, Innenarchitekt, Eventmanager, Kostümbildner.

Übung: Der Weg der kleinen Schritte

Diese Praxis hilft, Notwendiges anzugehen. Es unterstützt den Aufbauschenden seinem inneren Drama eine konkrete Handlungsalternative entgegenzusetzen.

Die meisten Menschen haben die Neigung, Dinge vor sich herzuschieben, sei es die fällige Steuererklärung, der Besuch beim Zahnarzt, ein klärender Brief, eine notwendige Reparatur. Diese vor uns hergeschobenen Vorhaben kosten sehr viel Zeit und Kraft, binden sie doch unsere Gedanken und führen zu Selbstvorwürfen.

Der Weg der kleinen Schritte hilft dies zu verändern. Formulieren Sie ein einziges konkretes Vorhaben, das Sie in einem, von Ihnen definierten, überschaubaren Zeitraum umsetzen können. Halten Sie Ihr Vorhaben schriftlich fest. Fügen Sie eine angemessene Belohnung hinzu, die Sie sich schenken, wenn Sie Ihr Vorhaben in die Tat umgesetzt haben. Achten Sie darauf, Ihr Vorhaben so präzise wie möglich zu beschreiben und festgesetzte Zeiten zu definieren.

Hier ein Beispiel: *Ich werde am Dienstag nächster Woche in der Zeit von 20.00 bis 22.00 Uhr alle Unterlagen zusammensuchen, die ich für meine Einkommenssteuer 2009 benötige.*

Formulieren Sie nur solche Vorhaben, deren Umsetzung realistisch, absehbar und somit von Erfolg gekrönt ist. Sobald Sie ein Vorhaben in die Tat umgesetzt und sich belohnt haben, können Sie ein weiteres Vorhaben formulieren.

Die Lebensthemen im Überblick

Charakter / Beschreibung	Gesichtsausdruck	Kindheits-prägung	Mangel / Grundrecht	Lebens-aufgabe als Erwachsener	Promi	Potential
Ängstlicher		Kampf ums Dasein	Sicherheit und Zugehörigkeit / Existenz	Sich im Leben verankern	Michael Jackson	• Kreativität • Phantasie • Sensibilität • Detailtreue • Konzeptstark • Seismograph
Überbedürftiger		Entbehrung	Liebevolle Zuwendung / Bedürfnis-Befriedigung	Bedürfnisse selbst-verantwortlich befriedigen	Bridget Jones	• Fähigkeit zu lieben • Nähe • Anteilnahme • Wärme • Schutz schenken • Treue • Mitgefühl
Unnahbarer		Zurückweisung	Anteilnahme und Mitgefühl / Bedürfnis-Äußerung	Sehnsucht nach Nähe und Verbundenheit eingestehen	Karl Lagerfeld	• Überlebenskünstler • Gut organisiert • Patent • Offen • Gerecht • Hilfsbereit • Guter Zuhörer
Trotziger		Fremd-bestimmung	Respekt und Freiraum / Selbst-bestimmung durch Abgrenzung	Sehnsucht nach Nähe und Wunsch nach Freiheit in Einklang bringen	Ottfried Fischer	• Ausdauer • Freund fürs Leben • Humor • Liebevoll • Anteilnehmend • Mütterlich

Beschreibung / Charakter	Gesichtsausdruck	Kindheitsprägung	Mangel Grundrecht	Lebensaufgabe als Erwachsener	Promi	Potential
Machtbewusster		Ohnmacht	Vertrauen und Achtung ———— Würde	Sich nicht über andere stellen	Franz-Josef Strauß	• Führungsqualität • Willensstärke • Mut • Redegewandt • Vertrauenswürdig • Überzeugend
Verführer		Täuschung	Klarheit und Aufrichtigkeit ———— Um seiner selbst geliebt zu werden	Für andere zugänglich und verbindlich zu sein	Prinzessin Diana	• Gabe, andere aus der Reserve zu locken • Stärkt andere im Selbstwertgefühl • Exzellenter Zuhörer • Unterhaltsam • Bauernschlau
Angestrengter		Erwartungs- und Leistungsdruck	Verspieltheit und Kindsein ———— Wertschätzung	Für Entspannung sorgen und Lebensfreude zulassen	Richard Gere	• Fleiß • Präzision • Engagement • Analysefähigkeit • Leistungsfähigkeit • Zielstrebigkeit • Ehrlichkeit • Zuverlässigkeit
Aufbauschender		Ignoranz	Interesse und Gehör ———— Beachtung ohne Anstrengung	Stille und emotionale Nüchternheit zulassen	Paris Hilton	• Unterhaltsam • Gespür für Stimmungen, Farben, Trends • Exzellenter Gastgeber • Künstlerisch • Ästhetisch • Gesellig

Fragebogen: Was ist Ihr Lebensthema?

Wählen Sie bitte pro Frage eine Antwort. Gibt die Antwortvorgabe Ihre Einstellung nur vage wieder, vergeben Sie bitte ein Symbol (zum Beispiel ein Herz), entspricht die Antwort exakt Ihrer Einstellung, vergeben Sie bitte zwei Symbole (zum Beispiel zwei Herzen).

1. **Sie bekommen einen Seminarprospekt zugesandt. Für welches Seminar würden Sie sich entscheiden?**

A) Optimiere deinen Tagesablauf ☺☺
B) Freiraum: Entdecke dich neu ▲▲
C) Tantra: Die Kunst der erotischen Verführung # #
D) Wie du lernst, gut für dich zu sorgen ◊ ◊
E) Tage der inneren Einkehr ♥ ♥
F) Arbeit mit inneren Bildern ☼ ☼
G) Die Bühne deines Lebens ♫♫
H) Ausbildung zum Gruppenleiter ■ ■

2. **Sie benötigen während des Seminars eine Übernachtungsmöglichkeit. Für welche Unterbringung würden Sie sich entscheiden?**

A) Ein Einzelzimmer im Nachbarort ♥ ♥
B) Ein abgeschlossenes Appartement für mich allein ☼ ☼
C) Das romantische Turmzimmer ♫♫
D) Ich schlafe in meinem Wohnmobil # #
E) Ich entscheide mich vor Ort ▲▲
F) Das größte Zimmer ■ ■
G) Das Gemeinschaftszimmer mit Sitzgruppe und Kitchenette ◊ ◊
H) Die preiswerteste Kategorie ☺☺

3. Sie bekommen 300 € geschenkt. Was tun Sie mit dem Geld?

A) Ich spare das Geld für schlechte Zeiten ☼ ☼
B) Der Betrag ist zu lächerlich, um darüber nachzudenken ■ ■
C) Ich kaufe mir einen leistungsfähigen Drucker ☺ ☺
D) Ich leiste mir dafür einen Besuch beim angesagtesten Coiffeur der Stadt ♫♫
E) Ich buche drei Tage auf einer einsamen Berghütte ♥ ♥
F) Ich miete für ein Wochenende einen Ferrari # #
G) Ich gehe zu H&M shoppen, da bekomme ich für das Geld mindestens drei Einkaufstüten voll Kleidung ◊ ◊
H) Sag ich nicht. ▲▲

4. Sie sind mit Ihrem Partner uneinig bei dem Thema Kinderwunsch. Welche Aussage passt zu Ihnen?

A) Kinder wären toll, mein Partner will leider keine ◊ ◊
B) Kinder, Haus, Familie sind das Größte für mich ☺ ☺
C) Mir reichen meine zwei Kinder ▲ ▲
D) Ich weiß schon, wie ich meinen Schatz rumkriege # #
E) Wie soll das gehen? Wir wohnen nicht einmal zusammen ♥ ♥
F) Ich wünsche mir Drillinge ♫♫
G) Wollen wir doch mal sehen, wer am Ende nachgibt ■ ■
H) Für Kinder leben wir in einer zu unsicheren Welt ☼ ☼

5. Sie sind zu einem Vorstellungsgespräch eingeladen, was geht Ihnen durch den Kopf?

A) Ich bekomme den Job bestimmt nicht ◊ ◊
B) Schichtdienst! Aber ich habe keine Wahl ▲ ▲
C) Hoffentlich sieht keiner, wie aufgeregt ich bin ☼ ☼
D) Vorstellungsgespräch? Ich bin selbständig ■ ■
E) Wenn es nicht klappt, ist das auch nicht so schlimm ♥ ♥
F) Das wird ein Spaß, ich liebe Vorstellungsgespräche # #
G) Weltweite Reisetätigkeit, das ist genau mein Ding ♫♫
H) Bei diesem Weltkonzern lohnt sich die Mehrarbeit ☺☺

6. Sie kommen von der Arbeit zurück und Ihr Haus steht in Flammen. Was denken Sie nach dem ersten Schock?

A) Da kommt eine Menge Arbeit auf mich zu ☺☺
B) Typisch! So etwas kann auch nur mir passieren ▲ ▲
C) Gut, dass der Elektriker mein bester Freund ist, der kann für mich bei der Versicherung einen Kurzschluss rausholen # #
D) Was für ein Drama, alles verloren ♫♫
E) Ich mochte das Haus nie besonders, zum Glück bin ich gut versichert ♥ ♥
F) Oh mein Gott! Was soll ich jetzt tun? ◊ ◊
G) Das hat Konsequenzen! Der Elektriker kann einpacken ■ ■
H) Ich habe es immer gesagt, ein Gasherd ist lebensgefährlich ☼ ☼

7. Was löst in Ihnen großes Unbehagen aus?

A) Den ganzen Tag faul und gelangweilt ohne Buch am Strand liegen
zu müssen ☺☺
B) Wenn ich das Gefühl habe, durchschaut zu werden # #
C) Wenn ich nicht zu Wort komme ♫♫
D) Meiner Familie eine Bitte abzuschlagen ▲▲
E) Wenn mir vor anderen unvermittelt Tränen
in die Augen schießen ♥ ♥
F) Wenn der Aufzug stecken bleibt ☼ ☼
G) Einsame Wochenenden ◊ ◊
H) Vor anderen bloßgestellt zu werden ■ ■

**8. Wie gehen Sie mit einem brisanten Geheimnis um, das Ihnen
Ihr bester Freund/Ihre beste Freundin anvertraut?**

A) Ich hüte es wie einen Schatz ☼ ☼
B) Das ist mir nicht so wichtig, so etwas vergesse
ich schnell wieder ☺☺
C) Meinem Partner kann ich das schon erzählen ♫♫
D) Ich habe Angst, mich zu verplappern ◊ ◊
E) Wenn diese Freundin mir jemals übel mitspielen sollte, liefere ich
sie damit ans Messer ■ ■
F) Kommt ganz drauf an # #
G) Es ist immer noch meine Entscheidung, ob ich ein Geheimnis
weitersage oder nicht ▲▲
H) Ich will nicht, dass andere mich mit Geheimnissen belasten ♥ ♥

9. Wie sieht Ihr Traumgarten aus? Was darf nicht fehlen?

A) Ökologisch einwandfrei angebautes Gemüse ☺ ☺
B) Ein Gärtner ■ ■
C) Ich brauche keinen Garten ♥ ♥
D) Ein orientalischer Pavillon mit Fackeln ♫♫
E) Lichtinstallationen und ein in die Terrasse
   integrierter Whirlpool # #
F) Ein eigener Garten ist mir zu viel Arbeit, ich muss schon bei meiner
   Mutter helfen ▲▲
G) Ich möchte keinen Garten, jeder könnte über die Terrasse
   ins Haus ☼ ☼
H) Viele Obstbäume ◊ ◊

10. Welches Auto entspricht Ihren Vorstellungen?

A) Ein Auto mit mobiler Büroausstattung ☺ ☺
B) Eine Stretchlimo mit Bar und Spiegeldecke # #
C) Ein weißer Cadillac mit roten Ledersitzen ♫♫
D) Ein Jeep ▲▲
E) Weiß ich nicht ♥ ♥
F) Ein Kleinwagen mit dem höchsten Sicherheitssiegel
   in seiner Klasse ☼ ☼
G) Ein Wohnmobil für vier Personen ◊ ◊
H) Ein Auto mit Chauffeur ■ ■

11. Wie stellen Sie sich Ihren Traumurlaub vor?

A) Ich fahre wie jedes Jahr in mein Lieblingshotel
   nach Österreich ☼ ☼
B) Ein gemütliches Hotel mit Fünfsternerestaurant zusammen mit
   meinen besten Freunden ◊ ◊
C) Ein Wellnesshotel mit mindestens zwei Massagen am Tag ♥ ♥
D) Zwei Wochen Karibik mit ins Meer hinausgebauten
   Bungalows ♫♫
E) Drei Wochen Rucksackurlaub kreuz und quer
   durch Griechenland ▲ ▲
F) Eine Privatinsel nur für mich ■ ■
G) Urlaub? Ich liebe meine Arbeit ☺☺
H) Ein hippes Designhotel mitten in Manhattan # #

12. Wenn Sie noch einmal auf die Welt kommen könnten, was wünschen Sie sich?

A) Es kann alles so bleiben, wie es ist ♥ ♥
B) Ich möchte als Terminator wiedergeboren werden ☼ ☼
C) Ich will der größte Filmstar aller Zeiten werden ♫♫
D) Ich bin ein gerechter, gütiger und weiser König ■ ■
E) Ich werde Nobelpreisträger ☺☺
F) Ich reise und entdecke Länder ▲ ▲
G) Die Welt soll ein Schlaraffenland sein ◊ ◊
H) Ich werde als moderner Casanova wiedergeboren # #

13. Welches Hobby würden Sie gerne ausüben?

A) Schiedsrichter sein ■ ■
B) Salsa tanzen ◊ ◊
C) In einer Theatergruppe mitspielen ♫♫
D) Ich will alles machen, worauf ich gerade Lust habe ▲▲
E) Im Fitnessstudio trainieren # #
F) Schach spielen ☼ ☼
G) Motorrad fahren ♥ ♥
H) Lesen ☺☺

Auswertung des Fragebogens

Das Symbol, das Sie am häufigsten angekreuzt haben, entspricht Ihrem Lebensthema. Haben Sie mehrere Symbole gleich häufig angekreuzt, spielen vermutlich mehrere Themen in Ihrem Leben eine Rolle.

Symbol	☼	◊	♥	▲	■	#	☺	♫
Anzahl								

☼ = Der Ängstliche (siehe Seite 73)

◊ = Der Überbedürftige (siehe Seite 83)

♥ = Der Unnahbare (siehe Seite 91)

▲ = Der Trotzige (siehe Seite 99)

■ = Der Machtbewusste (siehe Seite 107)

= Der Verführer (siehe Seite 115)

☺ = Der Angestrengte (siehe Seite 123)

♫ = Der Aufbauschende (siehe Seite 131)

Die Lebenswende:

Wie wir unser Leben selbst bestimmen können

Die innere Bühne

*Die beste Aufgabe
ist immer die,
an uns selber
eine Aufgabe zu sehen.*

Emil Oesch

Angesichts der vielfältigen Aspekte und Facetten unserer Persönlichkeit kann man unser inneres Haus auch mit einem großen Theaterensemble vergleichen. Die Mitglieder unseres Ensembles ermöglichen, dass wir uns sehr unterschiedlich verkörpern. Wir können den Sanftmütigen auf die Bühne unseres Lebens schicken, den Traurigen oder den Aggressiven, den Mutigen, den Perfektionisten, den Verbitterten oder den Lebensfrohen, den Eifersüchtigen oder den Liebenden.

Alle unseren inneren Figuren haben ihre eigene Art aufzutreten und uns zu vertreten. Sie nutzen unterschiedliche Vokabulare, sie nehmen verschiedene Körperhaltungen ein, sie haben einen hörbar unterschiedlichen Tonfall, sie vertreten verschiedenartige Anliegen und Einstellungen.

Wir machen leider nur jene Aspekte unserer Persönlichkeit sichtbar, die uns erwünscht scheinen oder vor weiterer Verletzung schützen. Wir verbergen jene, durch die wir Ablehnung erfahren mussten oder die uns beschämt haben. Von der Existenz tabuisierter Persönlichkeitsanteile in uns wissen wir in der Regel nichts.

Unser dominantes Lebensthema bestimmt unseren Bühnenaufbau. Beim Überbedürftigen finden sich der Verlassene, der Sehnsüchtige, der Überforderte und der Traurige ein. Beim Machtbewussten stehen der Drohende, der Willensstarke, der Eindringliche, der Anführer und der Bestimmende im Vordergrund.

Veränderung, Persönlichkeitsentfaltung und Selbstbestimmung werden erst möglich, wenn wir unseren jeweiligen inneren Bühnenaufbau realisieren und bewusst umgestalten.

Wer, wann, wo und wie lange auftritt, liegt in der Hand unserer Steuerungszentrale, die uns die Fähigkeit verleiht, unsere Bühne mit den Persönlichkeitsfacetten zu bevölkern, die wir jeweils für angemessen und wünschenswert halten. Wenn wir verliebt sind, schicken wir bewusst die Figuren auf die Bühne, die uns anziehend machen, und verbannen die Facetten von uns, die unser Gegenüber abschrecken könnten. Wir mobilisieren den Kavalier, den Erotischen, den Verführer, den Anschmiegsamen, den Geheimnisvollen, den Liebenswerten. Manchmal sind Partner voneinander enttäuscht oder fühlen sich gar betrogen, wenn nach der ersten Zeit der Verliebtheit Persönlichkeitsfacetten zutage kommen, mit denen sie nicht gerechnet haben. Wir können die Faschingszeit nutzen, um eine Figur auf die Bühne zu bringen, der wir im normalen Leben Auftrittsverbot erteilen. Ein ferner Urlaubsort gibt uns Gelegenheit, uns mit Seiten unserer selbst vertraut zu machen, die uns in unserem gewohnten Umfeld verunsichern. Wir können ausgelassen tanzen oder intensiv flirten.

Es ist zum Glück nicht notwendig, die vielen inneren Persönlichkeitsaspekte im Detail zu kennen und unterscheiden zu können. Sie lassen sich in drei unterschiedliche Teams zusammenfassen: das Turbo-Team, das Genuss-Team und das Medi-Team.

Die Teams und ihre Kunst, unseren Alltag zu meistern

Das Turbo-Team

Das Meiste haben wir
gewöhnlich in der Zeit getan,
in der wir meinten,
zu wenig zu tun.

Marie Freifrau
von Ebner-Eschenbach

Das Turbo-Team bringt und hält uns am Laufen. Es sorgt dafür, dass wir in der Früh aufstehen, selbst wenn wir müde sind. Unser Turbo-Team treibt uns an, unsere Ziele zu verfolgen und unsere Aufgaben gewissenhaft zu erledigen. Es stellt sicher, dass wir nach einem langen Arbeitstag noch eine Ladung Wäsche in die Maschine stecken und die wichtigsten Rückrufe erledigen.

Unser Turbo-Team geht einher mit Disziplin, Ausdauer, Willensstärke, Leistungsbereitschaft, Begeisterungsfähigkeit, Engagement, Perfektionismus und Erfolgsorientierung.

Das Turbo-Team verhindert zugleich, dass wir uns Auszeiten nehmen, das Leben genießen, spielerisch sind, uns bewusst entspannen und auf uns achten. Unser Turbo-Team gönnt uns keine Pausen. Es untersagt uns, auf dem Sofa zu lümmeln, seichte Filme zu schauen, uns gehen zu lassen.

Wenn das Turbo-Team uns dominiert, leiden wir unter Überforderung, Hektik, Schlafstörungen, Stresssymptomen, Nervosität, Muskelverspannungen, Rückenschmerzen, innerer Unruhe, dem Burn-out-

Syndrom. Wenn das Turbo-Team zu selten in Erscheinung tritt, sind wir Antriebsschwäche, Ziellosigkeit und Kraftlosigkeit ausgesetzt, werden wir ungenau, unpünktlich und unzuverlässig.

Menschen mit einem sie dominierenden Turbo-Team blenden die Anstrengungen und die damit einhergehende Erschöpfung aus. Sie gleichen einer Lokomotive unter Volldampf. Es ist wichtig, dass Menschen mit einem dominanten Turbo-Team täglich ihren Zug für einen Moment anhalten, um zu prüfen, ob die Reisegeschwindigkeit sich verselbständigt hat.

Eine Klientin von mir, eine junge Frau Ende zwanzig, wurde von ihrem Turbo-Team bis zur Erschöpfung angetrieben, sei es in der Arbeit oder in ihrer Freizeit. Trotz aller Bemühungen, stets ihr Bestes zu geben, blieb sie mit sich und ihren Leistungen unzufrieden. Ihre Kolleginnen erlebten sie als sehr engagiert und zuverlässig, aber auch als anstrengend und unnahbar. Für ihre Mitspielerinnen beim Handball war sie ein Garant für Erfolg, zugleich verbissen und besserwisserisch. Sie stritt sich mit ihrem Partner, weil ihr Turbo-Team seine Unzulänglichkeiten nicht hinnehmen wollte. Wann immer sie an ihre Leistungsgrenze kam, beschimpfte ihr innerer Erzfeind sie als Versagerin und Nichtsnutz. Sie wusste sich nicht zu entspannen, sie konnte keinen Körperkontakt zulassen, sie war im Unfrieden mit ihrer Familie.

Die therapeutische Arbeit half ihr, sich zu erinnern, wie sehr sie als Kind wegen ihres burschikosen Aussehens und ihrer Brille gehänselt worden war. Sie verstand, dass sie sich aus diesem Grund selbst abwertete. Sie konnte ihre Distanziertheit und Verschlossenheit auf den mangelnden Körperkontakt in ihrer Familie zurückführen. Ihr wurde bewusst, dass sie so viel von sich forderte, weil sie schon als Kind und Jugendliche durch die lebensbedrohlichen Krebserkrankungen ihrer Eltern die Überlebensstrategie des rettenden Engels der Familie gewählt hatte.

Heute ist sie eine Frau, die immer noch sehr viel leistet, aber sie ist toleranter mit sich und anderen. Sie ist nahbar, sie kann nahestehenden Menschen ihre Ängste und ihr Bedürfnis nach körperlicher Geborgenheit eingestehen und zeigen. Sie ist im Ausdruck weicher geworden. Sie entlastet sich, indem sie akzeptiert, dass letztendlich ihre Familienmitglieder für ihr Wohlbefinden selbst verantwortlich sind.

Das Genuss-Team

Es ist leichter,
einer Begierde
ganz zu entsagen,
als in ihr Maß zu halten.

Friedrich Nietzsche

Unser Genuss-Team gönnt uns Auszeiten und sinnliche Freuden. Wenn wir in unserem Genuss-Team sind, erlauben wir uns, bis Mittag zu schlafen, und gönnen uns zum Frühstück zwei Spiegeleier mit Speck. Wir ignorieren an einem freien Tag den blinkenden Anrufbeantworter, lassen die Post ungeöffnet und überlegen stattdessen, welche DVD wir gerne schauen würden. Wir vertiefen uns in das Filmgeschehen, bis wir Rotz und Wasser heulen müssen. Wir bleiben den ganzen Tag im Pyjama und genießen das süße Nichtstun. Wir fangen fünf Dinge gleichzeitig an, ohne eines zu Ende zu führen. Wir lesen Illustrierte und ziehen uns in die Welt der Gedanken, Träume und Phantasien zurück. Wir treffen uns mit Freunden und haben jede Menge Spaß.

Unser Genuss-Team schenkt uns Ausgelassenheit, Geselligkeit, Übermut, Lebenslust, Ausgeglichenheit, Vergnüglichkeit und Lachsalven. Erst wenn das Genuss-Team uns dominiert, wird es gefährlich. Dann leiden wir unter Lähmung, Suchtproblemen, Weltabgewandtheit, Einsamkeit, depressiver Verstimmung und Scham. Dann wird aus dem Tag auf dem Sofa ein tagelanger Rückzug von der Welt, aus einem Glas Rotwein zwei geleerte Flaschen, aus der Hingabe an Gedanken und Träume hartnäckiges Grübeln, aus Entspannung eine innere und äußere Verwahrlosung.

Wie bei jedem Team geht es um eine gesunde Balance. Das Genuss-
Team ist wie ein unersättliches Kind. Versagen sich Menschen mit
einem dominanten Genuss-Team sinnliche Genüsse, kommt es zu
einer inneren Trotzreaktion, die wiederum anhaltende Selbstsabotage
nach sich zieht. Jeder Mensch, der in seinem Leben eine Diät gemacht
hat und danach rasch wieder zugenommen hat, kennt diesen Effekt.
Für Menschen mit einem dominanten Genuss-Team ist es wichtig,
dass die Steuerungszentrale regelmäßige und klar begrenzte Auszeiten
festsetzt.

Eine meiner Klientinnen, eine junge Frau Anfang dreißig, war seit
ihrer frühen Kindheit esssüchtig und stark übergewichtig. Sie war
dem übergroßen Nähebedürfnis ihrer Mutter, gepaart mit plötzlicher
Distanziertheit und Kühle, nicht gewachsen. Zugleich quälten sie tiefe
Schuldgefühle und sie hatte Angst, ihre Mutter zu enttäuschen. Sie ret-
tete sich in vehementen Trotz, verweigerte sich dem Turbo-Team und
tat nur, was unbedingt sein musste. Sie suchte Zuflucht im Genuss-
Team und aß ohne jedes Maß. Sie war insgeheim stolz darauf, dass sie
sich mit Hilfe ihres Genuss-Teams gegen ihre Mutter zur Wehr setzen
konnte, wenn auch mit fatalen Folgen für ihre Gesundheit.

Die therapeutische Arbeit half ihr, zu verstehen, dass ihre Mutter sich
so bestimmend und wechselhaft verhielt, weil die Mutter der Mutter
eine herrschsüchtige, herzenskalte Frau gewesen war. Sie schloss
inneren Frieden mit ihrer Kindheit und erlaubte sich zugleich, sich
von ihren Eltern abzugrenzen. Sie rief nicht mehr drei Mal am Tag
bei ihnen an, sondern alle drei Tage. Sie begann, trotz anhaltendem
Übergewicht, zu sich, ihrem Körper und ihrer Wahrheit zu stehen.
Ihre Schuldgefühle verwandelten sich in Mitgefühl mit sich selbst.
Sie öffnete ihr Herz und ließ andere Menschen Einblick bekommen,
wie verletzbar und zart sie hinter ihrer trotzigen Fassade war. Sie hörte
auf, sich ihrem Turbo-Team zu verweigern und realisierte ihren lang-

gehegten Berufswunsch. Das Genuss-Team ist auch heute noch oft das dominante Team in ihrem Haus, aber sie sorgt auch bewusst für die Bedürfnisse ihrer anderen beiden Teams.

Das Medi-Team

Dein Blick wird erst klar,
wenn du
in dein eigenes Herz schaust.
Wer nach außen schaut,
träumt,
wer nach innen blickt,
erwacht.

Carl Gustav Jung

Unser Medi-Team schenkt uns heitere Gelassenheit, indem wir uns auf uns selbst besinnen.

Wenn das Medi-Team in unserem Leben den Ton angibt, dann leben wir abstinent, essen gesundheitsbewusst und in Maßen. Wir nehmen uns Zeit, regelmäßig zu meditieren, wir treiben Ausdauersport und besuchen einen Yoga-Kurs. Wir nutzen den Sonntag für einen langen Spaziergang in der Natur. Abends lesen wir ein gutes Buch, gehen früh ins Bett und sorgen für ausreichend Schlaf. Nach einem langen Arbeitstag lassen wir uns ein heißes Bad ein, ein Mal in der Woche legen wir einen Obsttag ein, um den Körper zu entgiften und zu entlasten.

Unser Medi-Team schenkt uns Klarheit, Abstand, Stille, Entspannung, Bewusstheit, Lebensfreude und verbindet uns mit unserem seelischen Reichtum.

Es braucht sehr viel Disziplin und Eigenliebe, sich den Verlockungen, der Schnelllebigkeit und Informationsflut unserer Zeit zu entziehen und sich auf sich selbst zu besinnen. Dennoch ernten wir mit unserem Medi-Team wenig Bewunderung und Anerkennung. Wer nicht auch im Medi-Team ist, will keinen kritischen Spiegel vorgehalten bekommen, wie ungesund er lebt. Niemand will neben einem nüchternen, präsenten Menschen auf einer Party leicht angedudelt zotige Witze reißen. Wer wochenlang Überstunden geleistet hat, mag keine Vorträge über die Wohltat einer heißen Badewanne.

Wenn das Medi-Team uns dominiert, erheben wir uns über andere als die scheinbar besseren, weil hochdisziplinierten Menschen. Wir setzen uns einen Heiligenschein auf. Immer im Lot, in der Balance, in Achtsamkeit und Präsenz, herzoffen und geerdet zu sein, kann mindestens so anstrengend werden wie die Dynamik des Turbo-Teams oder die Maßlosigkeit im Genuss-Team. In einem Leben ohne Kantinenessen, Weihnachtsgans, durchfeierte Nächte und durchgearbeitete Wochenenden verlieren wir den Kontakt zum Alltäglichen, zu unseren Mitmenschen. Menschen, die ausschließlich ihr Medi-Team zum Zuge kommen lassen wollen, leben meist abgeschottet vom Rest der Welt mit Gleichgesinnten unter einer Art schützender Käseglocke wie die Mormonen in den Vereinigten Staaten. Eine solche Abschottung erfährt man auch in einer Sekte oder bei einem Kuraufenthalt.

Vor vielen Jahren lernte ich in einer meiner Gruppen einen jungen Mann kennen, der ein Musterbeispiel an Disziplin und Enthaltsamkeit war. Er hatte mehrere Jahre einen Zen-Lehrer aufgesucht und fand es selbstverständlich, um fünf Uhr in der Früh aufzustehen, kalt zu duschen und sich zwei Stunden in eine regungslose Zen-Meditation zu versenken, ehe er sich ein karges, koffeinfreies Frühstück gönnte. Er rauchte nicht, er trank keinen Tropfen Alkohol, er war überpünktlich und sehr bestrebt, auch noch seine sexuellen Begierden in den Griff zu bekommen.

Um ehrlich zu sein, ich bewunderte ihn insgeheim für seine Disziplin und Präsenz. Andererseits konnte er sich niemals gehen lassen, er konnte nicht einfach loslachen, es sich bequem machen. Er kontrollierte jeden seiner Sätze. Er war im Würgegriff seines Medi-Teams, gefördert von seinem übereifrigen Turbo-Team. Sein Genuss-Team dagegen hatte striktes Auftrittsverbot.

In der Arbeit an sich selbst lernte er, dass es nicht nur erlaubt, sondern durchaus bereichernd ist, am Lagerfeuer ein Glas Wein zu genießen. Er blieb auch einmal sitzen, wenn die anderen den Tisch abräumten. Er erkannte, dass sein sexueller Trieb ihn mit seinem inneren Feuer verband, das ihm sehr viel Lebensfreude schenken konnte. Er ist bis heute ein sehr disziplinierter und zugleich spiritueller Mann, mit dem man inzwischen aber auch ab und an herzlich lachen und blödeln kann.

Eine wohltuende Selbstbesinnung in unseren Alltag erfordert, feste, für uns verbindliche Zeiten für unser Medi-Team einzubauen. Es braucht nur zehn Minuten am Tag, um zu gewährleisten, dass wir unsere seelischen Anliegen nicht aus den Augen verlieren. Tägliches Innehalten stellt sicher, dass wir die Notwendigkeit erkennen, für einen angemessenen Ausgleich unserer drohenden Erschöpfung oder Gier zu sorgen.

Regie führen – das Abenteuer der Selbsterforschung

*Sei gleichzeitig Handelnder
und Beobachtender.
Halte dich zur selben Zeit
im Fluß und am Ufer auf.*

Drupka Rinpoche

Die Fähigkeit, absichtslos und neutral zu beobachten, was in unserem Inneren geschieht und welchen Einfluss das Außen auf uns hat, können wir erlernen. Wir brauchen viele, über den Tag verteilte Momente, in denen wir uns bewusst eine kurze Auszeit nehmen, uns innerlich sammeln und uns befragen, wer unsere innere Bühne gerade bevölkert und ob das in unserem Sinne ist. Die von mir auf Seite 51f beschriebene **Übung zur inneren Sammlung** unterstützt das Erlernen unserer Fähigkeit zur Selbsterforschung.

Unsere Bewusstheit ist das gedachte Zentrum unserer Beobachtungsgabe und unserer Willenserforschung. Sie zeichnet sich durch Klarheit, Gegenwärtigkeit und die Fähigkeit aus, losgelöst von jedweden Erinnerungen und Gefühlen, Gedanken oder Werturteilen zu beobachten, was gerade ist. Wenn wir diesen inneren Ort der Wachheit regelmäßig aufsuchen, können wir verhindern, dass wir von einem Team dominiert werden oder ein Team in unserem Leben keinen Raum bekommt. Wir können die Attacken unseres inneren Erzfeindes als solche identifizieren und uns zur Wehr setzen. Idealerweise führen wir in unserem Leben Regie und sorgen durch die aus Selbsterforschung resultierende Bewusstheit für unser seelisches Gleichgewicht.

Wir können in Erfahrung bringen, was wir wollen, was uns wichtig ist und was in unserem Alltag notwendig ist. Selbsterforschung macht uns achtsam für uns selbst, sie fördert unsere Wahrheitsliebe. Sie hilft uns auch, zu verstehen, dass kein Team besser oder schlechter ist als die anderen zwei. Vor allem schafft Bewusstheit die Möglichkeit, ein selbstbestimmtes Leben zu führen.

Ein simples Alltagsbeispiel: Wir wollen ein Abendessen bereiten. Wenn wir uns nicht bewusst hinterfragen und selbstbestimmt entscheiden, welches Team kochen soll, wird durch den Prozess der kindlichen Anpassung an unser Umfeld jenes Team das Essen zubereiten, mit dem unsere Mutter oder unser Vater gekocht hat.

Unser Turbo-Team legt Wert auf Schnelligkeit und Effizienz. Es bevorzugt Tiefkühlware und einfache Gerichte mit kurzer Zubereitungszeit. Unter Einfluss unseres Turbo-Teams kochen wir im Stehen und perfektionieren die Arbeitsabläufe.

Die Dominanz des Genuss-Teams zeigt sich in mehrgängigen Menüs und einer ansehnlichen Kochbuchsammlung. Bevor wir mit dem Kochen beginnen, machen wir eine Flasche Rotwein auf. Wir genießen die Vorfreude auf das Essen, nehmen uns viel Zeit zum Abschmecken und kochen reichhaltig.

Sind wir durch unser Medi-Team geprägt, kochen wir ausschließlich mit biologisch angebauten Zutaten. Zucker wird durch Ahornsirup ersetzt, serviert werden Vollkornprodukte. Die Balance zwischen Vitaminen, Kohlehydraten und Eiweiß geht vor Genuss.

Es gibt Abende, da ist die Zeit knapp, und es ist sinnvoll, mit unserem Turbo-Team in kürzester Zeit etwas Essbares auf den Tisch zu bringen. Es gibt Abende, die uns die Gelegenheit schenken, mit unserem Ge-

nuss-Team und Freunden ein wunderbares Abendessen zu genießen.
Es gibt Zeiten, da tut es uns mehr als gut, mit unserem Medi-Team
auf unsere Ernährung zu achten, trotz manchem Verzicht.

Dank unserer Selbsterforschung wissen wir, wann welcher Abend
ist.

Vor einer mehrstündigen Autofahrt überlege ich mir, wer mich fahren soll. Meist fahre ich mit meinem Turbo-Team los. Ich kenne die
Umgebung und will erst einmal möglichst viele Kilometer hinter mich
bringen. Ich lege Rockmusik auf und fahre hochkonzentriert auf der
linken Spur. Nach zwei Stunden tut mir der Rücken weh und mein
Nacken ist verspannt. Ich suche eine Raststätte auf, kaufe eine Flasche
Wasser und setze meine Fahrt mit meinem Medi-Team in gedrosseltem
Tempo fort. Ich lege klassische Musik auf und genieße den Anblick
der mich umgebenden Landschaftsbilder. Irgendwann werde ich unruhig. Die noch zu fahrende Strecke erscheint endlos. Dann helfen
mir wiederum mein Turbo-Team und ein fetziger Soundtrack, dessen Rhythmus mich unweigerlich aufs Gas drücken lässt. Kurz bevor
ich mein Ziel erreiche, suche ich innerlich mein Medi-Team auf, um
möglichst gesammelt und ruhig bei dem Menschen einzutreffen, den
ich besuchen will.

Unsere innere Achtsamkeit hilft uns, unseren inneren Erzfeind weiter
zu entmachten, indem wir für eine stete Rotation zwischen den drei
Teams sorgen. Nur wenn wir andauernd im Turbo-Team verweilen,
kann unser innerer Erzfeind immer mehr Leistung von uns abfordern.
Nur wenn wir dauerhaft unter Einfluss des Genuss-Teams stehen,
kann er uns als maßlos, behäbig, undiszipliniert und willensschwach
abwerten. Nur wenn wir mit unserem Medi-Team überidentifiziert
sind, kann unser innerer Erzfeind uns einreden, wir seien auserwählt.
Halten wir regelmäßig inne, um wahrnehmen zu können, ob ein

Teamwechsel notwendig und angebracht ist, werden die Attacken unseres inneren Erzfeindes wirkungsloser.

Leider ist es uns nicht immer sofort möglich, in unserem inneren Haus bei Bedarf ein Team gegen ein anderes Team auszuwechseln. Auch wenn wir uns bewusst sind, dass kein Team allein auf Dauer hilfreich und gut für uns ist, verharren wir oft länger in einem Team, als uns lieb ist. Unsere prägenden Kindheitserfahrungen, unser innerer Erzfeind, unser Lebensthema und unsere Überlebensstrategien haben Gewicht.

Wir lösen uns nicht von heute auf morgen von den als Kind übernommenen Verhaltensmustern. Wir brauchen Geduld mit uns selbst. Zugleich machen wir einen überfälligen Team-Wechsel mit der Zeit immer wahrscheinlicher, wenn wir die Notwendigkeit im Auge behalten und warten, bis wir für einen Wechsel innerlich bereit sind. Werten wir jeden noch so kleinen Schritt in die gewünschte Richtung als Erfolg, kommen wir unserem Ziel eines selbstbestimmten Handelns immer näher. Es ist wichtig, dass wir selbst kleine Schritte für uns als Erfolg anerkennen und Rückschritte als antrainiertes Anpassungsmuster werten statt als Versagen.

Sich auf den Weg machen

der brandherd

es gibt
so viele gründe
alles beim alten
zu lassen
und nur einen einzigen
doch endlich etwas
zu verändern:

du hältst es
einfach
nicht mehr aus.

Hans-Curt Flemming

Was hindert uns, innezuhalten, uns umzuschauen und uns selbst zu begegnen? Warum verharren wir in Lebenssituationen, die uns nicht guttun? Was macht es uns so schwer, einen Kurswechsel vorzunehmen, obwohl wir spüren, dass etwas nicht stimmt?

Warum machen wir uns nicht einfach auf den Weg?

Wir brauchen Mut und Entschlossenheit, unseren bisherigen Lebensweg kritisch auf notwendige Veränderungen zu durchleuchten. Wir müssen uns eingestehen, dass wir Veränderung suchen und wollen. Wir dürfen uns von unserem inneren Erzfeind keine Schuldgefühle einreden lassen. Um herauszufinden, welche Kurskorrekturen für uns wünschenswert sind, ist es hilfreich, die zu uns gehörenden Lebensthemen zu kennen, um ihren Einfluss auf uns berücksichtigen zu können. Mit diesem Gepäck sind wir gut gerüstet, um uns auf den Weg zu machen.

Die Reise zu uns selbst verläuft jedoch nicht geradlinig von A nach B: Wir verlassen nicht das Alte, nehmen Abschied und sind im Neuen.

Die Reise geht vielmehr von A über C nach B!

A steht für das Vertraute, aber auch Beschwerliche und Drückende. Erst der Wunsch nach Veränderung, das Bestreben, A zu verlassen, bringt uns in Bewegung.

Sobald wir A verlassen, kommen wir nach C.

C steht für eine schmerzliche Zeit der Häutung, ein unvermeidbarer Bestandteil in einem Wandlungsprozess. In C treffen wir nach einer kurzen, irreführenden Phase der Euphorie über den Aufbruch auf die Trauer über das Verlorene. Niemand bewegt sich jahrelang in A, wenn es dort nicht auch einen Gewinn, etwas Lohnenswertes und Schönes gegeben hätte.

B ist lange Zeit gar nicht in Sicht. B steht für das Neue, das Unbekannte, das uns Angst macht, eben weil es uns nicht vertraut ist.

Meistens haben wir mit unserem Aufbruch so lange gewartet, dass wir erschöpft oder gar krank sind. Wir müssen manchmal ganz von vorne anfangen, haben keine Freunde mehr oder Schulden, sind süchtig oder unglücklich. Es verlangt uns die letzte Kraft ab, die Leere, den Verlustschmerz und die Orientierungslosigkeit in C zu ertragen.

Wir wissen nicht, was B für uns sein wird. Wir können es nicht wissen, wenn es ein Aufbruch in etwas Neues sein soll. Tief im Inneren hoffen wir, dass B eine besonders hohe Lebensqualität zutage fördern wird. Wir wünschen uns, dass B uns näher zu uns selbst bringt, uns an unsere innere Wahrheit heranführen und uns aus alten Prägungen und Vorgaben entlassen wird.

Die Reise nach B, zu uns selbst, zieht Konsequenzen nach sich. Das, was wir beim Aufbruch in A zu verlieren fürchten, hat meist keine Bedeutung mehr, wenn wir erst einmal in B angekommen sind. Der Gewinn, den wir für die Reise zu unserem Wesenskern ernten, und der Preis, den wir zahlen müssen, erschließt sich uns erst mit der Zeit.

Wir verändern uns auf unserer Reise von A über C nach B. Die Veränderung ist äußerlich in der Regel wenig sichtbar. Der weitaus größere Nachhall erklingt im Inneren. Wir schauen mit anderen Augen auf uns, auf andere und die Welt. Uns erschüttern oder berühren Dinge, die wir vorher unter Umständen nicht einmal wahrgenommen haben. Anderes verliert seine Wichtigkeit.

Wir werden sensibler, offener, verletzbarer, mitfühlender. Lang vertraute Situationen und Menschen können uns plötzlich befremden, wildfremde Menschen uns anziehen. Was uns lange als gut und normal erschien, kann nun Unbehagen in uns auslösen. Unsere Werte verschieben sich nachhaltig.

Die beschwerliche Suche nach dem ganz Eigenen lohnt dennoch.

Es bedeutet, unabhängiger von Äußerlichkeiten zu werden und uns mehr von innen fühlen zu können. Indem wir uns näherkommen, lernen wir uns so anzunehmen, wie wir sind. Wir bejahen unser äußeres Erscheinungsbild als einzigartigen, unverwechselbaren Spiegel unseres

Innenlebens. Die seelischen Narben, die unser bisheriger Lebensweg hinterlassen hat, erkennen wir als authentische Fingerabdrücke des Lebens an. Wir entfalten Selbstliebe und Selbstachtung. Für uns und für andere.

Die Begegnung mit anderen Menschen bekommt eine Tiefe und Wahrhaftigkeit, die jede Stunde miteinander kostbar macht. Wir begegnen anderen mit größerer Toleranz und mehr Wohlwollen, da wir wissen, auch sie haben ihr Lebensthema und sind ihren ganz eigenen Lebensweg gegangen. Unser Mitgefühl erreicht die anderen, macht sie weicher und offener.

Wir schöpfen aus unserem Potential eine seelische Stabilität, die uns für die Stürme des Lebens und die Wirbel des Miteinanders rüstet. Wir lernen zu vertrauen, dass nichts umsonst geschieht und letztlich alles im Leben Sinn macht. Wir nehmen das Leben, wie es ist.

Wir nehmen das Leben als Geschenk.

Liste der Übungen mit Seitenangabe

Die innere Sammlung   51

Dampf ablassen   80

Für mich einstehen   88

Selbstmassage   96

Geh von meinem Rücken runter!   105

Geborgenheit erfahren   113

Ein persönliches Mantra finden   120

Naturschätze entdecken   129

Der Weg der kleinen Schritte   137

Literaturvorschläge

- **Almaas**, Ali Hameed: The Pearl Beyond Price. Integration of Personality into Being: An Object Relations Approach, Berkeley, Diamond Books 1988
- **Almaas**, Ali Hameed: Die Leere. Eine psychodynamische Untersuchung der Beziehung zwischen Geist und Raum, Oldenburg, Trans Form 1992
- **Almaas**, Ali Hameed: Facetten der Einheit. Das Enneagramm der Heiligen Ideen, Bielefeld, Kamphausen 2004
- **Berti**, Aldo: Geistheilung und Energiearbeit. Basiswerk der energetischen Medizin, Darmstadt, Schirner Verlag 2005
- **Boadella**, David: Befreite Lebensenergie. Einführung in die Biosynthese, München, Kösel-Verlag 1991
- **Boadella**, David: Wilhelm Reich. Leben und Werk des Mannes, der in der Sexualität das Problem der modernen Gesellschaft erkannte und der Psychologie neue Wege wies, Frankfurt am Main, Fischer Taschenbuch Verlag 1983
- **Boyesen**, Gerda: Über den Körper die Seele heilen. Biodynamische Psychologie und Psychotherapie, eine Einführung, München, Kösel-Verlag 1987
- **Bradshaw**, John & **Schröder**, Bringfried: Das Kind in uns. Wie finde ich zu mir selbst, München, Droemer Knaur 2000
- **Bradshaw**, John: Wenn Scham krank macht. Verstehen und Überwinden von Schamgefühlen, München, Knaur Taschenbuch 2006
- **Brennan**, Barbara Ann: Licht-Arbeit. Das große Handbuch der Heilung mit körpereigenen Energiefeldern, München, Goldmann Verlag 1989
- **Brown**, Byron: Befreiung vom Inneren Richter. Die Intelligenz der Seele erkennen, Bielefeld, Kamphausen Verlag 2006

- **Cardinal**, Marie: Schattenmund. Roman einer Analyse, München, Rogner & Bernhard Verlag 1977
- **Chase**, Trudi: Aufschrei. Ein Kind wird jahrelang missbraucht – und seine Seele zerbricht. Das erschütternde Zeugnis einer Persönlichkeitsspaltung, Bergisch Gladbach, Lübbe Verlag 1990
- **Cooper**, Diana: Die Engel, deine Freunde. Vom Wirken himmlischer Mächte im Alltag, München, Ansata Verlag 2002
- **Franck**, Barbara: Ich schau in den Spiegel und sehe meine Mutter. Gesprächsprotokolle mit Töchtern, Hamburg, Hoffmann und Campe Verlag 1979
- **Halbfas**, Hubertus: Der Sprung in den Brunnen. Düsseldorf, Patmos Verlag 1996
- **Hellinger**, Bert: Ordnungen der Liebe. Ein Kursbuch, München, Droemersche Verlagsanstalt Knaur 2001
- **Jaxon-Bear**, Eli: Die neun Zahlen des Lebens. Das Enneagramm – Charakterfixierung und spirituelles Wachstum, München, Droemersche Verlagsanstalt Knaur 1989
- **Johnson**, Stephen M.: Charakter – Transformation. Erkennen – Verändern – Heilen, Oldenburg, Trans Form Verlag 1990
- **Kurtz**, Ron: Körperzentrierte Psychotherapie. Die Hakomi Methode, Essen, Synthesis-Verlag 1985
- **Lange**, Klaus: Herz, was sagst du mir? Selbstvertrauen durch innere Erfahrungen, Stuttgart, Kreuz-Verlag 1991
- **Lowen**, Alexander: Körperausdruck und Persönlichkeit. Grundlagen und Praxis der Bioenergetik, München, Kösel Verlag 1988
- **Morgan**, Marlo: Traumfänger. München, Goldmann Verlag 1995
- **Naumann**, Andrea: Der kleine Therapeut. Paare, Pannen und Neurosen, Freiburg i. B., Verlag Herder 2006
- **Nelles**, Wilfried: Liebe, die löst. Einsichten aus dem Familien-Stellen, Heidelberg, Carl-Auer Verlag 2002

- **Perry**, D. Bruce: Der Junge, der wie ein Hund gehalten wurde. Was traumatisierte Kinder uns über Leid, Liebe und Heilung lehren können, München, Kösel-Verlag 2006
- **Reich**, Wilhelm: Charakteranalyse. Köln, Kiepenheuer & Witsch 1989
- **Rosenberg**, Jack Lee & **Rand**, Marjorie L. & **Asay**, Diane: Körper, Selbst & Seele. Ein Weg zur Integration, Oldenburg, Trans Form 1995
- **Roth**, Gabrielle: Das befreite Herz. Die Lehren einer Großstadt-Schamanin aus New York: Rituale für Körper, Geist und Seele, München, Heyne 1990
- **Rothschild**, Babette: Der Körper erinnert sich. Die Psychophysiologie des Traumas und der Traumabehandlung, Essen, Synthesis Verlag 2002
- **Schellenbaum**, Peter: Nimm deine Couch und geh! Heilung mit Spontanritualen, München, Kösel-Verlag 1992
- **Siems**, Martin: Dein Körper weiß die Antwort. FOCUSING als Methode der Selbsterfahrung. Eine praktische Anleitung, Hamburg, Rowohlt Taschenbuch Verlag 1986
- **Siems**, Martin: Souling – Mehr Liebe und Lebendigkeit. Eine Anleitung zur Selbsthilfe, Hamburg, Rowohlt Taschenbuch Verlag 1997
- **Textor**, A. M.: Sag es treffender. Ein Handbuch mit über 57.000 Verweisen auf sinnverwandte Wörter und Ausdrücke für den täglichen Gebrauch, Hamburg, Rowohlt Taschenbuch Verlag 2005
- **Tolle**, Eckhart: Jetzt! Die Kraft der Gegenwart. Ein Leitfaden zum spirituellen Erwachen, Bielefeld, Kamphausen 2006
- **Ulsamer**, Bertold: Das Handwerk des Familienstellens. Eine Einführung in die Praxis der systemischen Hellinger-Therapie, München, Goldmann Verlag 2001
- **Ulsamer**, Bertold: Ohne Wurzeln keine Flügel. Die systemische Therapie von Bert Hellinger, München, Goldmann Verlag 1999

- **Walsch**, Neale Donald: Gespräche mit Gott. Ein ungewöhnlicher Dialog, Band 1, München, Goldmann Verlag 1997
- **Welter-Enderlin**, Rosemarie & **Hildenbrand**, Bruno: Resilienz – Gedeihen trotz widriger Umstände, Heidelberg, Carl-Auer Verlag 2006

Quellenangabe der verwandten Zitate

- **Cardenal,** Ernesto: Psalmen. Wuppertal, Peter Hammer Verlag GmbH 2008
- **Flemming,** Hans-Curt: Annäherung. Gedichte, Stuttgart, windhueter-kollektiv 1981
- **Flemming,** Hans-Curt: Ein Zettel an meiner Tür. Gedichte, Schorndorf, windhueter-kollektiv 1984
- **Parragon Books Ltd:** Für einen besonderen Anlass. Zitate und Bilder zur Inspiration, München, alpha & bet Verlagsservice
- **Puntsch,** Eberhard: Zitaten handbuch für Politiker, Journalisten, Manager, Redner, Künstler, Wissenschaftler, Erzieher, Studenten, München, F. A. Herbig Verlagsbuchhandlung GmbH 2003
- **Rinpoche,** Drukpa: Tibetische Weisheiten, München, Deutscher Taschenbuch Verlag 1999

herzblut-Seminare – dem Leben auf der Spur

Um es vorwegzunehmen: Aller Seminar-Anfang ist schwer.

Die Teilnahme an einer Selbsterfahrungsgruppe löst viele Ängste aus. Wir fürchten abgelehnt oder ausgeschlossen zu werden. Wir sind befremdet, wenn wir mit uns unbekannten Menschen körperbetonte Übungen durchführen sollen. Wir glauben uns in einer vollkommen fremden Welt wiederzufinden. Wohl jedem von uns schießt zu Beginn eines Seminars die Frage durch den Kopf: *Was um alles in der Welt mache ich hier?!*

Unseren Körper bewusst zu spüren, tiefer zu atmen und unseren Gefühlen und Impulsen Raum zu geben, befreit und schenkt uns zum Glück recht schnell ein Gefühl der Entspannung und stillen, unbekannten Freude. Im Spiegelbild der anderen Teilnehmer, ihrer Anliegen, Lebensthemen und Fragen, finden wir überraschende Antworten auf Fragen, die wir schon lange mit uns herumtragen. Das Vertrauen, sich öffnen zu können, ohne Angst haben zu müssen, verurteilt oder gemaßregelt zu werden, wächst mit jeder Stunde. Die wechselseitige Öffnung schafft eine tiefe, über die Dauer eines Seminars hinausgehende Verbindung unter den Teilnehmern einer Gruppe.

Der geschützte Rahmen ermöglicht es uns, neue, bislang verborgene Facetten unserer Persönlichkeit kennenzulernen und zum Ausdruck zu bringen. Wir lernen unseren inneren Erzfeind zu entmachten. Wir erhalten die Chance, das Experiment Kurswechsel ohne drohende Konsequenzen durchzuführen: Wir dürfen uns so zeigen, wie wir in unserem seelischen Potential wirklich sind.

Nicht Wenige haben ihre Erlebnisse zum Schluss mit den Worten kommentiert: *Ich hätte nie für möglich gehalten, dass ich mich vor wildfremden Menschen so zeigen kann.*

Die von mir durchgeführten herzblut-Seminare eignen sich für alle Menschen, die auf dem Weg zu ihrem seelischen Potential nicht nur meine individuelle Unterstützung in Einzeltherapie wünschen. In der Einzelarbeit kann ich durch Bewusstheit den individuellen Lebensweg und das individuelle Lebensthema beleuchten. Ich kann durch aufrichtige positive Spiegelung das Selbstwertgefühl stärken. Für das Lüften des Deckels brauche ich die Dynamik einer Gruppe. Um neue Schritte zu wagen, um Veränderung nachhaltig wirksam zu machen, braucht es die Zeugenschaft der anderen Teilnehmer.

- **Abschied & Neubeginn** eröffnet die Möglichkeit, über bisher Erreichtes und bislang Versäumtes Bilanz zu ziehen, um Neues zu wagen.
- **ElternlosLösung** hilft, sich seiner Herkunft mit allen Bürden und Geschenken bewusst zu werden, sich mit ihr zu versöhnen, um eigene, von den Erwartungen der Eltern unabhängige Wege gehen zu können.
- **FamilienAufstellungen** gewähren wahlweise einen Einblick in das System, aus dem man kommt (Herkunftsfamilie), das System, in dem man lebt (Gegenwartsfamilie), oder das System, in dem man arbeitet (Organisationsaufstellung). Sie zeigen einen gangbaren Weg, sich aus Verstrickungen zu lösen, um einen eigenen Platz im Leben zu finden.
- **CharakterTypen** offenbaren, warum man genau so tickt, wie man tickt. Dieses Wissen schafft ein tiefes Verständnis für sich und andere.
- **KörperBotschaften** Das Seminar weiht umfassend und alltagstauglich in die Geheimnisse der Körpersprache ein und vermittelt ein neues Bewusstsein für den eigenen Körper und seine Bedürfnisse.
- **LiebesGlück** ermutigt, für die individuellen Bedürfnisse innerhalb einer Partnerschaft einzutreten, statt den Partner für deren Erfüllung verantwortlich zu machen.

- **TheaterEnsemble** entspricht einer Art innerer Aufstellung, die zeigt, welche Persönlichkeitsanteile unseren Alltag bestimmen und wie die Steuerungszentrale wünschenswerte Korrekturen vornehmen kann.

- **Für mich einstehen: Ich will. Ich kann. Ich bin.** Bedeutet, den inneren Erzfeind zu entmachten, das Selbstwertgefühl zu kräftigen, damit wir unsere Ziele verfolgen, in Handlungen umsetzen und uns gerecht werden können.

- **FreiRaum** hat kein spezifisches Thema, sondern kreiert ein Feld für den Kontakt mit sich selbst hinter allen Erwartungen und Strategien. Es geht um eine tiefe Seinserfahrung, um Stille und Naturverbundenheit, um das Vertrauen ins Leben.

- **SonnenZeit** ist pure Lebensfreude in der Gemeinschaft von Menschen, die sich eine Auszeit in Italien gönnen wollen. Zeit zum Ausschlafen, Sonnenbaden, Zeit für Ausflüge, Massagen oder Stunden am Pool.

- **HeldenReise** ist eine abenteuerliche Expedition zu unseren Dämonen, jenen Persönlichkeitsanteilen, die wir an uns ablehnen, und unseren Helden, jenen inneren Facetten, die unserem Wunschbild von uns selbst entsprechen. Die Integration von unseren Licht- und Schattenseiten schenkt uns Ganzheitlichkeit.

- **TeamArbeit** zeigt die Vereinbarkeit von dynamischer Antriebskraft, innerer Sammlung und genussvoller Lebensfreude unter der Führung unserer Steuerungszentrale und schenkt uns unser inneres Gleichgewicht.

- **EnergieZentren**, auch Chakren genannt, sind unsere sieben menschlichen Kraftquellen, aus denen unsere körperlichen und seelisch-geistigen Lebensprozesse gespeist und gesteuert werden. Die Harmonisierung der Über- oder Unteraktivität unserer Energiezentren hat eine spürbare, wohltuende und ausgleichende Wirkung auf unseren gesamten Organismus.

- **VorLeben – Was wäre, wenn wir mehrere Leben hätten?**
  Das gedachte Szenario eines bereits gelebten Lebens mit allen Höhen und Tiefen, einer Geburt als Beginn und dem Tod als Ende, gibt uns die wertvolle Möglichkeit, unser jetziges Leben mit genügend Abstand, bestechender Klarheit und ohne den Einfluss unseres inneren Erzfeindes zu betrachten.

- **SinnSuche – Spiritualität im Alltag** ist eine am praktischen Nutzen orientierte Anleitung, uns in der Hektik unseres Alltags Auszeiten zu gönnen, um uns mit uns selbst zu verbinden und uns gegebenenfalls neu auszurichten.

Die aufgelisteten Seminare stellen eine Auswahl dar. Die aktuellen Seminarangebote mit genauen Terminangaben und den Veranstaltungsorten sowie weitere Informationen zu meiner Arbeit und Person finden Sie auf meiner Homepage. Meine Broschüre sende ich Ihnen gerne auf Anfrage zu.

www.herzblut-seminare.de

herzblut-Seminare
Olgastraße 1
90441 Nürnberg
0911-267550
info@herzblut-seminare.de